MARCO POLO

RHODOS

Reisen mit

Insider-Tipps

Diese Tipps sind die ganz speziellen Empfehlungen unserer Autoren. Sie sind im Text gelb unterlegt.

Fünf Symbole sollen Ihnen die Orientierung in diesem Führer erleichtern:

★ *für Marco Polo Tipps – die besten in jeder Kategorie*

für alle Objekte, bei denen Sie auch eine schöne Aussicht haben

für Plätze, wo Sie bestimmt viele Einheimische treffen

für Treffpunkte für junge Leute

(110/A 1)
Seitenzahlen und Koordinaten für den Reiseatlas Rhodos
(U/A 1) *Koordinaten für den Stadtplan Rhodos-Stadt im hinteren Umschlag*
Zu Ihrer Orientierung sind auch die Orte mit Koordinaten versehen, die nicht im Reiseatlas eingetragen sind.

Diesen Führer schrieben Christine Tsolodimos, die lange in Griechenland gelebt hat, und der Bremer Griechenland-Kenner Klaus Bötig.

Die Marco Polo Reihe wird herausgegeben von Ferdinand Ranft.

Die aktuellsten Insider-Tipps finden Sie im Internet unter www.marcopolo.de

MAIRS GEOGRAPHISCHER VERLAG

Unsere Autoren haben nach bestem Wissen recherchiert. Trotzdem schleichen sich manchmal Fehler ein, für die der Verlag keine Haftung übernehmen kann.

Titelbild: Hafen und Großmeisterpalast in Rhodos-Stadt (Kiedrowski)
Fotos: Autorin (74, 79); O. Baumli (12, 24, 41, 42, 59); K. Bötig (70, 84); Mauritius: Bartel (10, 53, 56, 77, 86, 89), Edmanson (9), Hubatka (109), Pigneter (68), Rawi (28), Spectrum (55); T. Stankiewicz (4, 18, 36, 51, 62, 65); O. Suren (61); Touristik-Marketing (32, 35); Transglobe: Sommer (22)

9., aktualisierte Auflage 2000 © Mairs Geographischer Verlag, Ostfildern
Chefredakteurin: Marion Zorn
Lektorat: Manfred Pötzscher
Gestaltung: Thienhaus/Wippermann (Büro Hamburg)
Kartografie Reiseatlas: © Mairs Geographischer Verlag
Sprachführer: in Zusammenarbeit mit dem Ernst Klett Verlag für Wissen und Bildung GmbH, Redaktion PONS Wörterbücher

Printed in Germany
Gedruckt auf 100% chlorfreiem Papier

INHALT

Entdecken Sie Rhodos!

Vielfalt ist der Trumpf der Insel. Strände und Wälder, Trubel und Einsamkeit, Tempel und Moscheen – Rhodos hat's

Auf Rhodos ist die Sonne zu Hause. Als der antike Göttervater Zeus nämlich die Erde unter den Göttern aufteilte, war Sonnengott Helios gerade auf seiner täglichen Himmelsreise und ging leer aus. Er beschwerte sich bei Zeus. Der ließ daraufhin eine Insel aus dem Meer auftauchen und schenkte sie ihm: Rhodos. Kein Wunder also, dass sich die Sonne auf Griechenlands viertgrößter Insel besonders häufig blicken lässt. Laut Statistik scheint sie an 270 Tagen im Jahr. Weil sie im Winter aber nicht übereifrig ist, fallen in der kalten Jahreszeit auch genügend Niederschläge, die Rhodos zu einer grünen Insel machen.Viele Hügel sind mit Wäldern bedeckt, Weintrauben, Olivenbäume und Orangen gedeihen prächtig.

Wirtschaftlich ist freilich der Tourismus inzwischen weitaus bedeutender als die Landwirtschaft. Außer Kreta zählt keine andere der über hundert bewohnten griechischen Inseln mehr ausländische Gäste als das 1400 km^2 große Rhodos. Trotzdem sind noch längst nicht alle Strände völlig verbaut. Und da der Tourismus sich auf die Küstenregionen konzentriert, lebt in den vielen Berg- und Binnendörfern das alte Rhodos weiter.

Breit lagert die Burg über dem weißen Dorf und der Bucht von Lindos

Rhodos (griechisch: Ródos) heißt auch der Hauptort der Insel. Rund 43 500 Menschen leben in der Provinzhauptstadt der Inselgruppe des Dodekanes, die aus 19 ständig bewohnten Eilanden besteht. Gegensätze prägen die quirlige Metropole. Eine Altstadt mit Denkmälern aus drei Jahrtausenden, die dabei aber gar nichts Museales an sich hat, und drum herum wuchernder Beton; gemütliche Spezialitätenlokale neben Fastfood-Baracken, touristische Einheitskultur neben dem lebendigen Ausdruck einer Tradition, wie sie griechischer nicht sein könnte – das alles hat Rhodos-Stadt auf engem Raum zu bieten. Jener Ort, der so oft schon zum Opfer von Kommerz (der Einheimischen) und Konsum

Geschichtstabelle

3000 v. Chr.
Neolithische Funde belegen die Besiedlung von Rhodos

1500 v. Chr.
Mykenische Seeleute lassen sich auf der Insel nieder

1000–500 v. Chr.
Entstehung der drei dorischen Stadtstaaten Líndos, Kámiros und Ialyssós

490 v. Chr.
Rhodos muss sich den Persern unterwerfen

408 v. Chr.
Rhodos wird von den Athenern verwüstet. Die drei Stadtstaaten schließen sich zusammen und gründen Rhodos-Stadt

304 v. Chr.
Der makedonische Feldherr Demétrios Poliorkétes belagert die Stadt vergeblich

164 v. Chr.
Rhodos wird römisch

395 n. Chr.
Nach der Teilung des Römischen Reiches fällt Rhodos an Ostrom. In der byzantinischen Zeit wird die Insel mehrmals erobert, u. a. von den Persern und Sarazenen

1309–1522
Die Insel steht unter der Herrschaft des Ritterordens der Johanniter

1522
Sultan Süleyman »der Prächtige« nimmt Rhodos ein. Fast 400 Jahre lang bleibt die Insel türkisch. Der griechische Freiheitskampf beginnt 1821

1912
Die Italiener besiegen die Türken bei Psínthos und besetzen die Insel

11. 9. 1943
Rhodos wird von den Deutschen besetzt, etwa 2000 rhodische Juden werden in deutsche Konzentrationslager deportiert und dort größtenteils ermordet

1945
England befreit die Insel

10. 2. 1947
Friedensvertrag von Paris; der Dodekanes wird griechisch

1967–1974
Militärdiktatur. Nach einer zweifelhaften Volksabstimmung wird 1972 die Monarchie abgeschafft

1975
Erneute Abstimmung über die Staatsform Griechenlands; die Mehrheit entscheidet sich für die Präsidialdemokratie

1981
Griechenland wird Vollmitglied der EG. Im Oktober kommt erstmals eine sozialistische Regierung an die Macht

1988
Im Anschluss an die EG-Gipfelkonferenz in Rhodos-Stadt wird jeder Regierungschef zum Ehrenbürger einer Dodekanes-Insel ernannt: Rhodos ehrt François Mitterrand

2000
Parlamentswahlen im April bestätigen die Mehrheit der unter Kostas Simitis regierenden Sozialisten

(der Touristen) erklärt wurde und nun auch in diesem Buch wieder viele Seiten für sich hat, weil man einfach nicht vorbeikommt an Rhodos-Stadt.

Für die meisten Feriengäste gilt das im Wortsinn. Sie bleiben in Rhodos-Stadt und seinem Dunstkreis »hängen«, der sich mittlerweile bis Faliráki an der Ost- und Paradíssi (Flughafen) an der Westküste erstreckt. Wer will, kann seinen Urlaub dort so verbringen, als sei er in einem beliebigen Ferienort irgendwo im sonnigen Süden. Rhodos, eine Insel, die »griechischer« ist als viele andere, zeigt dieses Gesicht erst auf den zweiten oder dritten Blick.

Ungefähr zwei Jahre vor der Gründung der Bundesrepublik Deutschland ist der Dodekanes und damit Rhodos griechisch geworden. Ein gutes halbes Jahrhundert ist das erst her, zwei Generationen. Davor liegen vierhundert Jahre türkischer Besatzung und über vierzig Jahre unter italienischer Herrschaft. Und dann kam schon wieder eine Invasion, diesmal allerdings eine friedliche: Sonnenanbeter und Bildungsreisende aus Mitteleuropa trafen ein, erst vereinzelt, dann in Massen. Besonders die jungen Menschen auf Rhodos müssen sich zwischen den verschiedenen Kulturen hin- und hergerissen fühlen.

In kaum einer anderen griechischen Provinzstadt gibt es eine solche Palette an Konsumgütern und Freizeitangeboten mitteleuropäischen Zuschnitts. Der letzte Schrei aus den großen internationalen Konfektionshäusern kommt auf Rhodos ebenso schnell an wie in Berlin, Wien oder Zürich. Obwohl Rhodos nicht mehr die Steuerpräferenzen genießt, die es in den ersten Jahrzehnten nach der Vereinigung mit dem griechischen Mutterland gewährt bekam, gilt es vielen Griechen noch immer als relativ preiswertes Einkaufsparadies. Die Rhodier selbst sind weltoffen. Sie überlassen die vielen Restaurants mit ausländischer Küche nicht nur den Urlaubern, sondern gehen auch selbst hin, was anderswo in Griechenland durchaus nicht selbstverständlich ist.

Rhodos hat so viele Gesichter und bietet viele Möglichkeiten, den Aufenthalt jeden Tag anders zu gestalten. Wer genug hat von den vollen Stränden des Nordens mit Surfbrett- und Tretbootverleih, Strandbars und Wasserski, fährt einfach ein Stück nach Süden. Je weiter Sie kommen, desto karger, aber auch interessanter wird die Landschaft, während Sie zugleich auf immer weniger Fremde treffen. An der Südwestküste haben Sie mit etwas Glück einen ganzen dünigen Strandkilometer für sich allein.

Die ausgetretenen Urlauberpfade verlaufen im Wesentlichen an den 220 km langen Küsten. Im Inselinneren ist vieles noch kaum entdeckt – verschont geblieben, wie viele meinen. Schade nur, dass es auch die Einheimischen nicht mehr in den abgeschiedenen, oft freilich farblos wirkenden Dörfern hält. Manchem Ort möchte man einen geschickt und behutsam operierenden Touristikmanager wünschen, der den Häusern wieder Leben einhaucht, bevor der letzte Bewohner gegangen ist.

Auf Rhodos allerdings steigt, den Feriengästen sei Dank, die Einwohnerzahl seit 15 Jahren wieder kräftig an. Die Dörfer im Inselinneren profitieren von dieser für die griechische Provinz so untypischen Entwicklung allerdings kaum. Sie sterben weiter.

Auf Rhodos steht jede Himmelsrichtung für ein anderes Gesicht der Insel. Norden heißt Großstadtleben, Kultur, Animation und Trubel an den Stränden. Osten steht für Sandstrände und aufstrebende Ferienorte, die Faliráki mit gefälligen, der Landschaft angepassten Hotel- und Bungalowkomplexen Konkurrenz machen – und natürlich auch für das leider notorisch überfüllte, malerische Líndos. Westen heißt mehr Stein- und Kiesel- als Sandstrände, rauere Küsten, heftiger Wind, Surferreviere. Die Westküste, das ist auch Kámiros, die antike Stadt in selten schöner Lage über der Küste. Im Süden schließlich präsentiert sich Rhodos als eine für die Ägäis sehr typische Insel: karg, abweisend und im Sommer geradezu glühend. Aber auch dorthin dringt der Tourismus vor. Prassoníssi, der weite Sandstrand an der Südspitze, wird seit 1999 durch eine Asphaltstraße erschlossen. Endlich gibt es in diesem Paradies für Windsurfer auch eine Surfstation, Tavernen und sogar Fremdenzimmer.

Norden, Süden, Westen, Osten – das sind auf Rhodos vier Variationen desselben Themas. Wer eine auslässt, lernt das Musikstück nicht kennen. Man kann alle vier an einem Tag erleben, dazu ist die Insel klein und übersichtlich genug. Man kann langsam eine nach der anderen »durcharbeiten«, und man kann – mit dem Auto – zwischen den Variationen hin- und herspringen. Morgens in der Altstadt von Rhodos-Stadt, mittags am Strand von Prassoníssi, auf dem Rückweg Abendessen in Líndos!

Rhodos ist sogar für diejenigen ein Reiseziel, die mit Strandleben und Badefreuden nicht viel anfangen können. Den milden, regenreichen Wintern verdankt die Insel eine überaus variantenreiche Flora – allein 29 Pflanzenarten sind auf Rhodos endemisch, das heißt sonst nirgendwo zu finden. Rund ein Drittel der Insel ist mit Wäldern bedeckt – ein nach griechischen Maßstäben ungewöhnlich hoher Prozentsatz.

Ungewöhnlich hoch ist auch die Zahl der Kirchen, Klöster und Moscheen auf der Insel. Eine ganze Reihe davon stammt noch aus byzantinischer Zeit, mindestens dreißig davon gelten als kunsthistorisch interessant, meist wegen ihrer Fresken oder einer besonders wertvollen Ikone. Oft liegen die Gotteshäuser auf einem besonders schönen Fleckchen Erde, und allein das lohnt den Weg dorthin. Immer mehr aufgegebene Klöster werden heute wieder von Mönchen oder Nonnen bewohnt und lohnen einen Umweg. Manche Besucher nutzen die Gelegenheit, einmal wieder, oder vielleicht zum ersten Mal in ihrem Leben, mit dem Rauschen der Bäume, den zirpenden Zikaden und dem Bellen eines Hundes in der Nacht allein zu sein. Rhodos ist eben doch noch eine unentdeckte Insel.

Wer abends gern durch Kneipen und Diskos zieht, wird in

Rhodos-Stadt auf seine Kosten kommen. Anderswo, in Líndos zum Beispiel, ist nach Mitternacht nur außerhalb der Wohngebiete noch etwas los, ansonsten schweigt die Musik, und nur ein Plausch an der Bar ist noch möglich. Die Einheimischen haben ihr Recht durchgesetzt, auch während der Saison, die immerhin von April bis Oktober geht, ein paar Stunden Schlaf zu bekommen. Sie wären sonst wohl auch kaum in der Lage, (mindestens) zwölfstündige Arbeitstage und siebentägige Arbeitswochen durchzustehen.

Anfang Dezember, wenn die allerletzten abgeflogen sind, kommt die große Ruhe nach dem Sturm: Stühle werden hereingeholt, Fenster vernagelt, der Schlüssel im Türschloss herumgedreht. Jetzt kann es Winter werden. Manche Rhodier machen sich erst einmal für ein bis zwei Monate auf den Weg in die europäischen Hauptstädte – als Touristen. Auch die *kamákia,* die rhodischen Kollegen der italienischen Papagalli, nehmen dann Urlaub. Im Sommer gehören die Möchtegern-Casanovas zum Rhodos-Urlaub wie Hitze, Meer und Tomatensalat. Am besten lassen Sie die geschniegelten Schönlinge in den Touristencafés sitzen. Gelegenheiten, auf Rhodos angenehme, freundliche Menschen kennen zu lernen, gibt es genug. Die Besitzer der kleinen Pensionen, der Kaufmann, eine Weberin in Archángelos oder Afántou ... Wer das Gespräch sucht – auf Englisch, Deutsch, mit ein paar Brocken Griechisch oder in Zeichensprache –, wird besonders abseits der großen Touristenzentren feststellen, dass man auf Rhodos eines nicht vergessen hat: Für »Fremder« und für »Gast« kennt die griechische Hochsprache nur ein einziges Wort. So ist mit *filoxenía,* Gastfreundschaft, auch die Freundlichkeit gegenüber Fremden gemeint. Das gilt besonders für Feste, und die Erinnerung an ein *panijíri,* das Volksfest zu Ehren des Schutzheiligen der Dorfkirche, gehört zu dem Schönsten, was man von Rhodos mit nach Hause nehmen kann.

Von alters her mischen sich auf Rhodos Epochen, Kulturen und Menschen

Schließlich sind von Rhodos aus auch Abstecher auf Nachbarinseln möglich. Zur ehemaligen Schwammfischer- und Werfteninsel Sími fahren täglich Ausflugsboote. Das weiter entfernte Kos, einst Heimat des berühmten Arztes Hippokrates, steuern schnelle Tragflügelboote an, zum rauen Kárpathos fliegen kleine Propellermaschinen. Wer mag, kann sogar einen Tagesausflug per Schiff in die nahe Türkei unternehmen.

Von Aleppokiefer bis Távlispieler

Land und Leute auf Rhodos sind ein kleiner Kosmos für sich

Architektur

Nur wenige Bauwerke aus der Antike haben sich erhalten. Vor allem Lindos und Kámiros zeugen vom früheren Reichtum der Insel. Die fremden Herren – Johanniter-Ritter, Türken, Italiener – haben dann auf Rhodos deutliche Spuren hinterlassen. Die Straße der Ritter in Rhodos-Stadt, gesäumt von Gebäuden in spätgotischem Stil, könnte ebenso in Avignon oder Florenz liegen. Die Kuppeln der Moscheen aus der Türkenzeit geben der Altstadt einen Hauch von Orient. Die imposanten Gebäude an der Uferstraße, das zierlich wirkende Aquarium und die verspielten Thermen von Kallithéa verraten auf den ersten Blick die italienischen Baumeister.

Das traditionelle rhodische Wohnhaus besteht aus einem einzigen Zimmer mit einer Empore auf halber Höhe. Oben schlief die Familie, unten waren nachts die Tiere untergebracht.

Wie eine Theaterkulisse: die Mauern und Türme des rekonstruierten Großmeisterpalasts in Rhodos-Stadt

Bevölkerung

Statistiker hatten den Trend schon in den 1950er-Jahren ausgemacht: Die griechische Provinz verliert ihre Menschen. Wer kann, zieht auf der Suche nach Ausbildung und Arbeit in die Stadt oder sogar ins Ausland. Die Folge: Über die Hälfte aller Griechen lebt in den Großstädten Athen und Thessaloniki. Ein Drittel aller griechischen Staatsbürger wohnt im Ausland, viele Familien schon seit mehreren Generationen.

Die Einwohnerzahl von Rhodos dagegen steigt seit etwa 1970 wieder kräftig an: Rund 66 000 Menschen wurden 1971 gezählt – heute leben etwa 100 000 ständig auf der Insel, davon fast die Hälfte in Rhodos-Stadt, rund 17 000 in der Gemeinde Ialyssós und der Rest in den 41 Dörfern. Die meisten sind Griechen, die der griechisch-orthodoxen Kirche angehören. Es gibt noch etwa 2000 türkischstämmige Moslems mit einem eigenen geistlichen Oberhaupt.

Zu verdanken ist diese Wiederbelebung der Insel dem Tourismus, der seit den 70er-Jahren

Per Esel lässt sich der steile Weg zur Akropolis von Líndos besser bewältigen

des 20. Jhs. beständig und zeitweise explosionsartig boomt. Nur noch 20 Prozent des Gelds, das auf Rhodos verdient wird, stammt aus Einnahmequellen wie Landwirtschaft oder Weberei. Mehr als fünfhundert Hotels stehen auf der Insel, es gibt über 75 000 Gästebetten. Und sie bleiben selten leer: Allein aus Großbritannien und Deutschland fliegen jedes Jahr über 300 000 Urlauber ein. Immer wieder kommt es vor, dass eine(r) nicht wieder nach Hause will. Rund zweitausend Skandinavierinnen und etwa achthundert Menschen aus deutschsprachigen Ländern haben sich auf Rhodos niedergelassen. Ihr Geld verdienen die meisten im Tourismus.

Fauna

Esel, Mulis und Ziegen, die typischen Nutztiere des Mittelmeerraums, bestimmen auch auf Rhodos das Bild. Als Haustiere haben in Griechenland Singvögel Tradition: einheimische Finkenarten, Kanarienvögel und, auf Rhodos besonders häufig, prächtige Papageien. Hunde werden auf dem Land höchstens als Hofhunde gehalten, herrenlose Katzen räkeln sich dekorativ in sonnigen Hauseingängen und auf schaukelnden Fischerbooten. Die größeren Säugetiere der Insel wie Wiesel, Marder, Fuchs und Dachs bekommt man fast nie zu sehen. Anders die etwa 70 Stück Damwild der Insel, die als Hirsch und Hirschkuh zugleich die Wappentiere von Rhodos sind. Sie leben noch in freier Wildbahn sowie in einem 70 000 m² großen Freigelände im Rodíni-Park.

Besonders groß ist die Artenvielfalt bei Insekten und Schmetterlingen. Die Schmetterlinge im Petaloúdestal fliehen aber immer häufiger vor den lärmenden Besuchern – man kann sie fast nur noch aufgespießt hinter Glas bewundern. Es gibt eine große, braungraue Eidechsenart, *sáwra* genannt. An Sommerabenden sitzen manchmal hautfarbene, fast durchsichtige Geckos wie festgeklebt unter der Lampe an der Hauswand und rühren sich erst, wenn ein Insekt in ihre Reichweite kommt oder ein Geräusch sie vertreibt. Beim Bergwandern kann man – meist harmlosen – Schlangen begegnen.

Traurig sieht es heute in ganz Griechenland mit dem Fischbestand aus. Jahrzehntelanges Fischen mit Dynamit hat die Schwärme dezimiert, und die fortschreitende Verschmutzung des Meeres trägt ihren Teil dazu bei. Außerdem nimmt es mancher Fischer mit den Fangzeiten nicht so genau und holt etwa die kleinen *marídes* (Weißfische) vor dem ersten Laichen aus dem Wasser, weil sie da angeblich am besten schmecken. In vielen griechischen Ferienorten muss während der Hochsaison Fisch importiert werden, damit jeder, der ein Fischgericht bestellt, es auch bekommt. Tröstlich: Im Mandráki-Hafen ist das Angebot immer noch groß.

Flora

Für Botaniker ist Rhodos eine Fundgrube: 29 Pflanzenarten kommen nur hier vor. Anders als die meisten Inseln der Ägäis ist Rhodos, trotz mehrerer großer Waldbrände in den vergangenen Jahren, sehr grün. Im Norden und im Inneren gibt es noch viel Wald, mit italienischen Zypressen und Aleppokiefern. Auch Edelkastanien und Dattelpalmen kommen vor.

Typisch für die griechischen Inseln sind die vielen verschiedenen, oft stachligen und ineinander verhakten Sträucher an Berghängen und in trockenen Ebenen – Wacholder, Ginster, Mastixstrauch – und die manchmal fast betäubend duftenden Kräuter. Oregano, Thymian, Lavendel – auf Rhodos können Hobbyköche für ihr Kräuter- und Gewürzregal einkaufen oder es bei einer Wanderung in die Berge sogar kostenlos auffüllen. Im Frühjahr ist die Insel ein einziger Blütenteppich: leuchtend roter Klatschmohn, gelber Sauerklee, lila Alpenveilchen in den Wäldern, die rosa Blüten des Granatapfelbaums, und überall die kleinen rhodischen Pfingstrosen. Rosen im eigentlichen Sinn gibt es allerdings auf der »Roseninsel« Rhodos kaum.

Zitrusfrüchten und Weintrauben kann man geradezu beim Wachsen und Reifen zusehen. Allerdings ernten die Bauern nur noch für den einheimischen Bedarf Obst und Gemüse.

Frauen

Auf den Dörfern sieht man ihn manchmal noch, den griechischen Patriarchen, der auf dem Esel reitet, während seine Frau hinterhergeht, mit Reisig bepackt. Und es sind immer die Männer, die schwadronierend im Kafeníon sitzen – inzwischen kochen die Frauen das Essen, kümmern sich um die Kinder, putzen das Haus, versorgen die Tiere. Griechenland ist bis heute eine Männergesellschaft. An den jahrhundertealten patriarchalischen Traditionen hat auch der Tourismus auf Rhodos nicht viel geändert.

Der erste Sohn eines Paars wird auf den Namen des Großvaters väterlicherseits getauft, die erste Tochter heißt nach der Großmutter väterlicherseits. Erst ab der zweiten Tochter und dem zweiten Sohn sind die Eltern der Frau als Namensgeber an der Reihe. Dieser Brauch ist ein Grund dafür, dass es in Griechenland relativ wenige Vornamen gibt – die meisten Paare halten sich heute noch daran. Um Verwechslungen auszuschließen, gibt man in offiziellen Schriftstücken den Namen des Vaters als zweiten Vornamen mit an. Den Nachnamen verwenden Frauen grundsätzlich in der Genitivform; Ehefrau und Töchter von Herrn Argirós heißen also Argiroú, »des Argirós«.

Heiratet Eléni Argiroú einen Herrn Chrístos Saríkas, wird in ihren Ausweis eingetragen: Eléni Chrístou Saríka, was nichts anderes heißt als »die Eléni des Chrístos Saríkas«. Eléni hat also, zumindest auf dem Papier, ihren Besitzer gewechselt. Ganz wörtlich muss man das heute nicht mehr nehmen, zumal Frauen mittlerweile ihren Geburtsnamen nach einer Heirat weiterführen können. Bezeichnend für die Stellung der Frau ist dieser Sprachgebrauch aber doch.

Griechenland – Macholand? Mag sein. Dieses Beispiel jedenfalls spricht dafür: María, 19, muss mit ihren Eltern in die bisher unbekannte Heimat Líndos zurückkehren, »damit sie einen anständigen Mann von unserer Insel heiratet und da drüben nicht auf dumme Gedanken kommt«. Eine Berufsausbildung braucht sie dann ja nicht mehr, meint die Familie. Ein Jahr später ist María Ehefrau eines jungen Mannes aus Líndos, den die Eltern für sie ausgesucht haben.

Und jetzt das Gegenbeispiel: Tsambíka, 23, aus einem Dorf an der Westküste. Seit ihrer Mittelschulzeit lebt sie in Rhodos-Stadt, die beiden jüngeren Schwestern sind inzwischen auch dort. Nach dem Abitur hat Tsambíka eine Ausbildung als Fremdenführerin absolviert. Sie spricht fließend Deutsch, Englisch, Französisch. Heiraten? Vielleicht später mal.

In der Regel haben junge Griechinnen weniger Freiheit als zum Beispiel ihre Altersgenossinnen in Deutschland. Zwar ist es heute normal, dass schon Teenager sexuelle Beziehungen eingehen – aber die Eltern des Mädchens wissen meist nichts davon oder tun zumindest so. Die Frau soll in der Hochzeitsnacht möglichst unberührt sein und der Mann möglichst reiche sexuelle Erfahrung mitbringen – eine skurrile Doppelmoral.

Geografie und Geologie

Rhodos hat eine Fläche von rund 1400 km² und ist die viertgrößte griechische Insel. Sie sieht aus wie eine nach rechts gekippte, gestauchte und an einigen Stellen eingedrückte Raute. Von Nordosten nach Südwesten sind es 78 km, an der breitesten Stelle sind West- und Ostküste 38 km voneinander entfernt. Die Küsten sind insgesamt 220 km lang.

Rhodos liegt viel näher an der Türkei als am griechischen Festland: Die türkische Küste ist nur etwa 20 km von Rhodos-Stadt entfernt.

Der größte Teil der Insel besteht aus Kalk-, Sand- und Hornsteinen, die meist zwischen 25 und 40 Mio. Jahre alt sind. Höchster Berg ist der Atáviros im Westen mit 1215 m. Von dort kommt das köstliche Quellwasser gleichen Namens, das es in Flaschen zu kaufen gibt.

Rhodos-Stadt ist Hauptstadt der griechischen Provinz Dodekánissos, der »zwölf Inseln«: In Wahrheit sind es jedoch zweihundert Inseln und Eilande, davon etwa zwanzig bewohnte. Allerdings sind alle zusammen nur etwas größer als das Saarland (rund 2700 km^2) und haben nicht einmal 200 000 Einwohner.

Griechischer Kaffee

Die schwarze Brühe in der weißen Mini-Mokkatasse hieß jahrzehntelang völlig korrekt »türkischer Kaffee« – die Art der Zubereitung stammt nämlich aus der Türkei. Die Umbenennung hat eine Kaffeefirma mit einer nach griechischen Maßstäben gigantischen Werbekampagne in den 1970er-Jahren durchgesetzt.

Zur Zubereitung braucht man fein gemahlenen, hellbraunen Mokka, Zucker, ein spezielles Gefäß aus Aluminium, Messing oder Kupfer mit langem Stiel, *bríki* genannt, einen Löffel, Wasser, eine kleine Gasflamme und etwas Fingerspitzengefühl. Kaffee und Zucker werden zusammen aufgekocht, für einen *métrio* (mittelstark und -süß) je ein Löffel. Kenner behaupten, es gebe eine zweistellige Zahl von Varianten. Einsteiger können sich außer dem *métrio* zunächst die Bezeichnungen *skétos* (schwarz), *glikós* (süß) und *varíglikos* (süß und stark) merken. Ob man das Gemisch im *bríki* erst umrührt und dann auf die Flamme setzt oder ob zweimaliges Aufkochen wirklich den Geschmack verfeinert – da scheiden sich die Geister.

Kamáki

Kamáki heißt »Harpune«, und in der neugriechischen Umgangssprache bedeutet »Harpune machen« so viel wie »Frauen aufreißen«. Der Kamáki (Plural: *kamákia)* ist ein Kollege des italienischen Papagallo. Lange Hosen mit messerscharfer Bügelfalte oder auch eine schicke Jeans und blitzblanke Schuhe sind seine Dienstkleidung, dazu ein frisches Hemd in der Modefarbe der Saison und ein Goldkettchen mit Kreuz auf möglichst behaarter, halb entblößter Brust. So sitzen die *kamákia* in den Straßencafés und machen sich an ihre Opfer heran, wie es ein griechischer Schlager einmal beschrieb:

»In einer Konditorei sitzen zwei junge Männer, jeder auf drei Stühle gelümmelt, und unter der Markise ist es kühl. Sie haben ihre Netze ausgelegt: Gefällt Ihnen Griechenland, Miss? Was haben Sie vor heute Abend? Do you like, Mademoiselle, the Greece?« (Falls Sie wissen wollen, wie es weitergeht: Sie finden das Lied »Do you like the Greece?« auf der CD »Made in Greece«, Musik: Arjíris Kounádis, Sänger: Antónis Kalojánnis.)

Die rhodischen Adonisse gelten als die Champions unter den griechischen »Harpunen«. Sicher sind vor ihnen nur die einheimischen Mädchen, deren »Tugend« immer noch von strengen Vätern, Brüdern und Onkeln überwacht wird.

Klima

Mit rund 270 Sonnentagen pro Jahr macht die »Sonneninsel« ihrem Namen Ehre. Für Mitteleuropäer ist Rhodos wohl im April und Mai am reizvollsten, wenn die Insel in sattem Grün daliegt und es am Tag noch nicht wärmer wird als 25 Grad. Baden kann man von Mitte April bis Anfang November. Auf Rhodos regnet es im Winter viel und manchmal so heftig, dass es in den Dörfern schulfrei gibt, weil das Wasser aus den Klassenzimmern erst ablaufen muss. Die Wolkenbrüche sind aber meist schon nach kurzer Zeit wieder vorbei.

In den heißen Monaten Juli und August steigt das Thermometer im Schatten durchaus bis auf 33 Grad – nach griechischem Maßstäben erträgliche Temperaturen: dank des kühlen, oft starken Nordwestwinds, des Meltémi, der auf Rhodos fast den ganzen Sommer lang weht.

Koloss von Rhodos

Er war eines der sieben Weltwunder der Antike und wurde von Chares von Lindos 294 bis 282 v. Chr. in Bronze gegossen. Fünfzig Jahre später wurde er bei einem Erdbeben zerstört. Die Statue des Sonnengottes Helios soll 33 m hoch gewesen sein, doch leider wissen wir nicht, wie sie ausgesehen hat. Aber wahrscheinlich hat der Koloss nicht breitbeinig über der Hafeneinfahrt gestanden, wie die Überlieferung lange behauptete.

Literatur

Zwei Bücher sind als Urlaubslektüre für einen Aufenthalt auf Rhodos besonders empfehlenswert. Der berühmte britische Romancier Lawrence Durrell schildert in »Leuchtende Orangen« anschaulich seine Erlebnisse auf Rhodos kurz nach Kriegsende. Die Geschichte des Johanniterordens wird leicht verständlich von Ernle Bradford in seinem Sachbuch »Kreuz und Schwert« beschrieben.

Militär

Wer nicht Soldat war, ist kein richtiger Mann, meint man in Griechenland immer noch. Und immer noch müssen die Rekruten mittelalterlich anmutende Schikanen über sich ergehen lassen, der Sold (980 Drs. im Monat) reicht noch nicht einmal für zwei Schachteln Cowboy-Zigaretten. Ein verbrieftes Anrecht auf Wehrdienstverweigerung gibt es erst seit 1997. Der Zivildienst ist jedoch unattraktiv und dauert gleich doppelt so lang wie der Wehrdienst. Der wurde Ende der 1980er-Jahre immerhin von 24 auf 18 Monate verkürzt. Ihre Grundausbildung müssen die Rekruten meist weit von ihrem Heimatort entfernt ableisten. Auch auf Rhodos sind Soldaten stationiert.

Musik und Tanz

Auf Rhodos hört man im Wesentlichen das, was in ganz Griechenland gerade Mode ist. Auf Volksfesten wird die für die meisten griechischen Inseln typische Musik gespielt (wichtige Instrumente: Geige und Iagoúto, ein großes Saiteninstrument mit dickem Bauch, das mit einem langen Plektron gespielt wird).

Seit der Film »Alexis Sorbas« um die Welt ging, weiß man überall, wie gern – und gut – Griechen tanzen. Auf den Griechischen Abenden der Reiseveranstalter versuchen Urlauber, es ihnen nachzutun, legen einander die Arme auf die Schultern und proben nach der berühmten Melodie die ersten Schritte des Syrtáki. Dabei ist der Syrtáki nichts weiter als eine eigens für den »Sorbas«-Film kreierte einfachere Version des »Klassikers«

Die Marco Polo Bitte

Marco Polo war der erste Weltreisende. Er reiste in friedlicher Absicht, verband Ost und West. Er wollte die Welt entdecken, fremde Kulturen kennen lernen, nicht zerstören. Könnte er heute für uns Reisende nicht Vorbild sein? Aufgeschlossen und friedlich sollte unsere Haltung auf Reisen sein. Dazu gehören auch Respekt vor Mensch und Tier und die Bewahrung der Umwelt.

WWF

Chassápiko – und wer dessen Schritte und Figuren erlernen will, wird mit einem Rhodosurlaub nicht auskommen.

Es gibt traditionelle Reigentänze, die nur Männer, und andere, die nur Frauen tanzen. Aus den gebirgigen Teilen des Landes kommt der Tsámikos mit seinen schweren, stampfenden Schritten; auf den Inseln tanzen Männer und Frauen zusammen Syrtós oder, paarweise, den unbeschwerten, fröhlichen Bállos.

Seit ein paar Jahren erlebt die musikalische Tradition wieder einmal eine Renaissance. Sogar in der Disko wird manchmal ein Zeïbékiko aufgelegt, ein meist langsamer Solotanz ohne festgelegte Schrittfolge, der als der »König« unter den griechischen Tänzen gilt.

Im Ausland ist die griechische Musik in erster Linie durch Míkis Theodorákis bekannt geworden, später auch durch den Film »Rembétiko«, der eine Musikrichtung vorstellt, die oft als das griechische Pendant zum Blues bezeichnet wird: Die einfachen Texte handeln von Liebe, Armut, harter Arbeit und der Flucht in den Rausch. Wichtigste Soloinstrumente sind das Saiteninstrument Bouzoúki und sein kleinerer Verwandter, der Baglamás. Jahrzehntelang war es verpönt, Rembétiko-Musik zu hören. In den 1960er-Jahren hat sie der Komponist Mános Chatzidákis (»Sonntags nie«) durch eine Neubearbeitung einiger klassischer Stücke salonfähig gemacht.

Es gibt in Griechenland eine sehr lebendige Liedermacher-, Chanson- und Schlagerszene. Erste Eindrücke vermitteln die Programme der Musikkneipen in der Altstadt von Rhodos-Stadt.

Natur- und Umweltschutz

Noch gehen die meisten Griechen mit Landschaft, Wasser und Luft sorglos um. Es ist ja auch fast überall genug davon da, nach den Winterstürmen sind die Inseln immer wieder wie neugeboren und das Meer wie unberührt. Zwar gibt es inzwischen eine »grüne« Partei und Vertretungen mehrerer bekannter Umweltschutzorganisationen wie WWF und Greenpeace, aber die Umweltschützer stehen mit ihren Warnungen und Forderungen wie der Rufer in der Wüste. Konsumieren und Wegwerfen ist angesagt. Plastik, Einwegverpackungen, Putzmittel für den schnellen Glanz überschwemmen das Land und häufen sich zu gigantischen Müllbergen. Inzwischen hat man in einigen Städten begonnen, Müll zu sortieren und, so weit möglich, wieder zu verwerten. Auf Rhodos wird jetzt Aluminium recycelt. Leider stehen die Behälter für leere Getränkedosen noch nicht überall. Man legt auch kürzeste Strecken per Auto zurück und lässt dabei – meist ungefilterte – Abgaswolken hinter sich. Was jedoch viele Kritiker vergessen: Die »guten alten«, aber auch mühsamen Zeiten liegen in Griechenland nicht lange zurück, und erst langsam setzt sich die Erkenntnis durch, dass der neue Komfort seinen Preis hat.

Im Nutzen alternativer Energien sind die Griechen den meisten anderen Europäern allerdings weit voraus. Der Staat lockt mit Steueranreizen für die Installation von Sonnenkollektoren, und immer mehr Hausbesitzer greifen zu – weniger der Umwelt zuliebe als wegen der hohen Strompreise. Windmühlen, die traditionellen Energiequellen der griechischen Inseln, sind auf Rhodos an der Westküste zu finden, wo es immer stark weht. Ein Hotel und eine Töpferei betreiben neuerdings moderne Windkraftanlagen.

Trinkwasser wird in Griechenland von Jahr zu Jahr knapper, weil die Grundwasserreserven zur Neige gehen. Rhodos' Nachbarinseln Chálki und Sími müssen heute schon Wasser per Tankschiff »importieren«. Man sollte sparsam mit dem kostbaren Nass umgehen.

Orthodoxe Gottesdienste

Fast alle Griechen bekennen sich zum griechisch-orthodoxen Christentum. Sie fühlen sich den Aposteln und den frühen Christen eng verbunden, weil sich ihre Glaubensgrundsätze seit

Griechischer Priester

dem 9. Jh. nicht mehr verändert haben. Orthodoxe Gottesdienste dauern häufig zwei oder drei Stunden. Jedoch harren nur wenige Kirchenbesucher diese lange Zeit über aus. Es herrscht ein ständiges Kommen und Gehen, und man plaudert auch während des Gottesdienstes gelegentlich miteinander. Predigten sind kaum üblich. Hauptmerkmal des Gottesdienstes ist der Wechselgesang der täglich unterschiedlichen Liturgie, die vom Priester und einigen Laien zelebriert wird. Gesangbücher gibt es nicht.

Schule

Wer häufiger und immer zu verschiedenen Zeiten nach Griechenland reist, bekommt vielleicht den Eindruck, die Kinder gingen wohl überhaupt nicht zur Schule. Im Juli sind Ferien, im August auch, im September immer noch, Weihnachten und Ostern sowieso. Mindestens vier Monate im Jahr bleiben die Schultüren geschlossen. Zum Glück, könnte man sagen. Denn das staatliche griechische Schulwesen ist eine Qual für alle Beteiligten: verrottende Gebäude, schlecht ausgebildete, unterbezahlte Lehrer, umschichtiger Vormittags- und Nachmittagsunterricht, weil ausreichend Klassenräume fehlen. Dazu ein Wirrwarr von Versetzungs- und Prüfungsverordnungen, an denen jeder Bildungsminister aufs Neue herumbastelt.

Die großen Gewinner sind da die privaten Nachmittags- und Abendschulen (zu erkennen an dem Schild mit der Aufschrift *frontistírio)*, die in teuren Zusatzkursen die Schüler auf die Jahresabschlussprüfungen vorbereiten. Bei den Aufnahmeverfahren der Universitäten sind Bewerber ohne *frontistírio* so gut wie chancenlos. Diese Intensivkurse finden natürlich in den Ferien statt – und so schmilzt die unterrichtsfreie Zeit für viele Mittel- und Oberschüler auf zwei Monate im Jahr zusammen. Zusätzliches Problem auf Rhodos: Viele Dörfer haben keine eigene Schule, und weiterführende Schulbildung ist ohnehin nur in der Inselhauptstadt möglich.

Sport

Schwimmen kann man fast überall, am schönsten sind die Strände an der Ostküste. Zum Windsurfen bietet sich die Westküste mit ihren starken Winden an. Surfschulen finden sich vor allem in den großen Hotels von Ixiá und Faliráki. Wer Tretboot oder Motorboot fahren oder sich auf Wasserskiern versuchen will, hat fast überall Gelegenheit dazu, und in Rhodos-Stadt kann man sogar wettkampftaugliche Segelboote mieten.

Angeln ist überall erlaubt. Vor Kallithéa, Líndos, Gennádi und Kámiros beißen angeblich die meisten Fische an. Harpunieren darf man Fische ab 150 g.

Tauchen mit Sauerstoffflasche ist nur in Begleitung eines einheimischen Tauchlehrers erlaubt. So will man verhindern, dass Urlauber sich an den antiken Kunstschätzen vergreifen, die an vielen Stellen noch unentdeckt auf dem Meeresgrund liegen. Es gibt einen Golfplatz (18 Löcher) bei Afántou und eine ganze Reihe von Tennisplätzen.

Beliebte Sportarten bei den Rhodiern sind vor allem Fußball (Diagóras Rhódou, der Verein von Rhodos-Stadt, war jahrelang in der Ersten Nationalliga) und Basketball.

Sprache

Erst seit 1948 ist auch auf Rhodos Neugriechisch Amtssprache. Von den Älteren sprechen viele noch Italienisch – eine Erinnerung an die Besatzungszeit –, und heute werden Englisch oder auch Deutsch überall zumindest verstanden. In Rhodos-Stadt und Lindos kann es durchaus passieren, dass der Kellner im Restaurant mit zwei Speisekarten in der Hand an den Tisch tritt: »English and Greek? Or German and French?« Die mühsam vor dem Urlaub erworbenen griechischen Sprachkenntnisse bleiben da natürlich ungenutzt.

Doch was immer wieder irritiert, ist die Transkription des griechischen Alphabets in lateinische Buchstaben. Wie heißt es denn nun? Péfkos, Péfki oder vielleicht Péfka? Sgouroú oder Asgoúrou? Thárri, Thári oder Thórdi? Manche Orte auf Rho-

Ippotes Bar

Ein Schwatz zwischen Käse und Birne

Olivenöl, viele Kräuter und viel Kommunikation gehören zur griechischen Küche

Speisen

Alles, was es »beim Griechen« in Ihrer Heimatstadt zu essen gibt, bekommen Sie auch auf Rhodos. Rhodische Küche ist im Wesentlichen griechische Küche – und darin haben vor allem die türkischen Nachbarn kräftig herumgerührt. Das merkt man schon an den Namen vieler Gerichte. Gefüllte Weinblätter, eine beliebte Vorspeise, heißen *dolmádes,* aber rein griechisch ist das Wort nicht. Natürlich können Sie es auch auf Griechisch – *ampelófilla* – bestellen, aber diese Bezeichnung ist viel weniger geläufig.

Oder *tzatzíki,* um bei den Vorspeisen zu bleiben. Der angerührte Joghurt (wichtigste Zutaten: geschnittene oder geraspelte Gurken, Knoblauch) heißt auf Türkisch *cacık,* und auch an diesem Wort haben die Nachbarn wahrscheinlich die älteren Rechte. Aber Vorsicht: Die Diskussion über den griechischen oder türkischen Ursprung eines Rezeptes, eines Wortes oder Musikstücks verdirbt vielen Griechen die Laune – auch das ein Überbleibsel von vierhundert Jahren türkischer Herrschaft.

Nach dem großen Besichtigungspensum hat man sich eine kleine Stärkung verdient

Olivenöl, Zwiebeln, Knoblauch und andere starke Gewürze wie Oregano und Kümmel sind die Grundelemente der griechischen Küche. Dazu kommen Gemüsesorten, die Mitteleuropäer selten auf den Tisch bringen, zum Beispiel Auberginen, Zucchini, Okraschoten. Und an den Geschmack von Hammel- und Ziegenfleisch muss ein Deutscher oder Österreicher sich auch erst einmal gewöhnen.

Ein komplettes »griechisches« Abendessen beginnt mit den *mezédes* (Vorspeisen). Oft ist die Auswahl riesig: gebratene Auberginen *(melitzánes)* oder Zucchini *(kolokíthia),* Fischrogensalat *(taramosaláta)*, Teigspeisen mit Schafskäse, Spinat oder beidem *(tirópita, spanakópita, spanakotirópita),* Anchovis *(antzoújies),* dicke weiße Bohnen *(jígantes)* ... Man bestellt, und wenig später ist der Tisch voll. Jeder nimmt von jedem Teller, nur nicht zu viel, damit man nicht vor dem Hauptgericht satt ist. Die meist recht kalorienreichen *mezédes* isst man nicht, man »pickt« davon.

Traditionelle Hauptgerichte sind: *jemistés* (gebackenes Gemüse, meist Tomaten oder Paprika, gefüllt mit Reis und/oder Hackfleisch); *biftéki* (Bulette, manchmal mit Käsefüllung); *pastítsio* (Makkaroniauflauf mit Hackfleisch); *stifádo* (Rind- oder Kaninchenfleisch, geschmort), Kotelett vom Rind oder Schwein *(brizóla moscharísia* oder *brizóla chiriní), arní sto foúrno* (gebackenes Hammelfleisch, meist mit Kartoffeln); *païdákia* (Lammkoteletts), *bakaliáros* (Stockfisch, gewässert und gebraten) mit *skordaliá* (pürierte Kartoffeln mit Knoblauch und Olivenöl). Preiswerte und leckere Fischgerichte sind auch *marídes tiganités* (Weißfische, gebraten) sowie *xifías* (Schwertfischfilet, schmeckt fast wie Steak). Als ganz besonders wertvolle Meeresfrüchte gelten *barboúnia* (Rotbarben), *garídes* (Scampi) und *astakós* (Hummer). Entsprechend teuer sind dann auch die Gerichte.

Die meisten Lokale haben sich den tatsächlichen oder vermeintlichen Wünschen der ausländischen Gäste weitgehend angepasst. Auch Minibestellungen wie »ein Bauernsalat und ein Glas Wasser« (früher in einer Taverne kaum denkbar) werden anstandslos ausgeführt. Mit Olivenöl und Knoblauch halten viele Köche sich jetzt zurück – um die Mägen der Urlauber zu schonen und dem Diätboom gerecht zu werden, der inzwischen auch Griechenland erreicht hat. Auf immer mehr Speisekarten tauchen vegetarische Hauptgerichte

Ideales Ferienmenü: frische Fische, Wein und Bauernsalat

auf – aber leider auch solch abenteuerliche Kreuzungen von traditionellen Rezepten wie zum Beispiel Schwertfisch-Schaschlik *(xifías soufláki).* In Dorftavernen kann man auch ein Spiegelei *(avgó máti)* oder Rühreier *(avgá tiganitá)* bestellen, dazu einen Bauernsalat *(choriátiki saláta,* wichtigste Bestandteile: Tomaten, Gurken, Schafskäse, Zwiebeln, Oliven und Olivenöl) und Pommes frites *(patátes tiganités).* Brot bringt der Ober unaufgefordert gleich zu Anfang.

Zum Nachtisch wird oft einheimisches Obst serviert. Eine köstliche Erfrischung im Sommer ist eisgekühlte Wasser- oder Honigmelone *(karpoúzi* oder *pepóni).* Man kann auch beides zusammen bestellen. Die dreieckig geschnittenen rosa und tiefgelben Fruchtstücke kommen dann gemischt auf einem großen Teller, manchmal mit Eiswürfeln dazwischen. Beliebte Alternativen sind Karamellpudding *(krem karamelé)* und Joghurt mit Honig *(jiaoúrti me méli,* besonders gut im Bergdorf Siánna).

Selbstverpfleger können sich aus dem großen Angebot der

Supermärkte auch ohne griechische Sprachkenntnisse bedienen, auf Märkten und in vielen Lebensmittelgeschäften werden Englisch, Italienisch, Deutsch und auch Zeichensprache verstanden. Mitteleuropäische Produkte wie Müsli oder Schwarzbrot sind überall zu haben, aber nicht ganz billig.

Getränke

In einem guten griechischen Lokal, egal welcher Preisklasse, wird mit Brot und Besteck eine Karaffe mit frischem Wasser gebracht. Das traditionelle Getränk zum Essen ist Wein. Rhodos gilt wegen des milden Klimas und der vielen Sonnentage als gutes Weinbaugebiet. Jedenfalls kommen von der Winzergenossenschaft Caïr und der Kellerei Emery ein paar auch international anerkannte Tropfen. Beliebte Sorten sind Ilios und Grand Maître (beides trockene Weißweine) sowie Chevalier de Rhodes (rot, trocken) und, nicht gerade billig, Villaret (leichter Weißwein). Auch Sekt und süße Liköre werden auf Rhodos hergestellt. Den Urlaubern haben die Griechen das Biertrinken abgeguckt. Löwenbräu, Carlsberg, Heineken – international bekannte Marken sind fast überall zu haben.

Als Aperitif trinkt man auf Rhodos einen Tresterschnaps (im Inseldialekt *zoúma,* sonst *tsípouro)* oder auch den bekannten Anisschnaps Oúzo, der oft mit Wasser »gestreckt« wird und sich dann milchweiß färbt. Dazu kommt immer eine kleine Portion kalorienreicher Häppchen, genau wie der Vorspeisenteller *mezés* genannt. In Strandlokalen ist das oft eingelegter oder gegrillter Krake *(chtapódi),* sonst zum Beispiel auch Oliven und Käse, Anchovis oder eingelegte Paprika. Ohne deftige »Unterlage« Alkohol zu trinken ist in Griechenland nicht üblich.

Das Repertoire an alkoholfreien Getränken ist ähnlich groß wie in Mitteleuropa, und fast überall gibt es Cocktails aus frisch gepressten Früchten. Trinkwasser wird abgefüllt verkauft, z. B. Atáviros.

Kaffee gibt es in allen nur denkbaren Variationen, neben dem traditionellen starken Mokka als Filterkaffee, Espresso, Cappuccino, Café au lait und Nescafé. Besonders die jungen Leute trinken im Sommer oft »nes frappé« (kalter, aufgeschäumter Nescafé) – ein Getränk, das Menschen mit empfindlichem Magen allerdings gar nicht erst probieren sollten.

Süßigkeiten

Eine Spezialität der griechischen Bäcker ist trockenes, süßes Gebäck, das zum Eintunken in den Kaffee gedacht ist. Diese *voutímata* werden lose verkauft. Man kann die verschiedenen Sorten mischen. Sehr gut schmeckt auch *milópita,* eine Art Apfelkuchen. Bei den Kompositionen aus Honig, Nüssen und Sirup, wie sie zum Beispiel die Konditoreien am Mandráki-Hafen anbieten, können auch Kalorienbewusste schwach werden.

Klassische Süßigkeiten sind *baklavás* (eine Art Nusskuchen), *kataífi,* das im Aussehen an ein mit gezuckertem Bindfaden umwickeltes Hörnchen erinnert, und *loukoumádes* (Hefeteigbällchen mit Honig). Alle drei sind garantiert süßer als erwartet. Als unerheblich kalorienärmere Alternative bietet sich *pásta* (Torte) an, und wer ein ganz normales Stück Kuchen haben möchte, bestellt »cake«.

Lokale

Wer die griechische Küche nicht mag, kann auf Rhodos auch internationale Gerichte bekommen, die aber oft so schmecken, als habe der Koch nur sehr diffuse Vorstellungen von der Zubereitung. Am besten und oft auch am preiswertesten sind Sie bedient, wenn Sie etwas Einheimisches bestellen. Eins lässt sich jedoch nicht leugnen: Außerhalb von Rhodos-Stadt, seiner Umgebung und Líndos ist das Angebot an Lokalen, die neben dem Essen auch eine ansprechende Atmosphäre bieten, leider mager. Es überwiegen barackenartige Gebäude, hastig hochgezogen, weil der Besitzer sich seinen Anteil am großen Kuchen Fremdenverkehr möglichst schnell sichern wollte. Eine ebenso problematische Spezies rhodischer Gastwirte sind die »Umtaufer«: Da hat man in einer gemütlichen Taverne vorzüglich gegessen, lässt sich den (zugegebenermaßen) schwierigen Namen aufschreiben – und wenn man im nächsten Jahr wiederkommt, prangt »Original Greek Fish Tavern« oder Ähnliches über dem Eingang. Da bleibt nur zu hoffen, dass der Fisch noch genauso gut schmeckt. Paradoxerweise steht unter dem englischen Namen oft die griechische Bezeichnung für die Art des Lokals – die folgenden Kurzbeschreibungen sollen Ihnen bei der Orientierung ein wenig helfen.

Einfach, preiswert, oft auch gemütlich ist die *tavérna,* leicht zu erkennen an den Plastik- oder Papiertischdecken, dem billigen Besteck und den kleinen, dickwandigen Weingläsern ohne Stiel. Im *estiatório* können Sie ein größeres Speisenangebot erwarten, oft lädt die Umgebung aber nicht zum längeren Verweilen ein. Besonders in der Stadt haben sich viele *estiatória* auf das Mittagsgeschäft mit Berufstätigen spezialisiert, die sofort nach dem Essen wieder aufstehen. Die gepflegtere (und teurere) Variante des *estiatório* heißt *restaurant.* Dort stehen auch internationale Speisen auf der Karte. Die *psistariá* serviert billige Grillgerichte zum schnellen Essen oder auch

Schwarze Kunst

Wundern Sie sich nicht, wenn jemand die ausgetrunkene Kaffeetasse umgekehrt auf die Untertasse stellt. Dann sitzt wohl eine Frau mit am Tisch, die den Kaffeesatz deutet. Aus den Furchen, die die heruntergelaufene zähflüssige Brühe in die schwarze Schicht an der Innenwand der Tasse gegraben hat, liest sie ab, was die Person, die daraus getrunken hat, in Zukunft zu erwarten hat – und auf Rhodos glauben noch sehr viele an diese Prophezeiungen. Es gibt sogar Frauen, die sich mit dem »Kaffee-Lesen« und anderen Formen der Wahrsagerei ihren Lebensunterhalt verdienen.

zum Mitnehmen, Fisch isst man am besten in einer *psarotavérna* am Meer.

Nach einem griechischen Pendant zu Kneipe, Weinstube oder Biergarten werden Sie vergeblich suchen, zu einem guten Glas Wein gehört in Griechenland immer auch ein gutes Essen oder mindestens ein *mezés.* Wer nur Durst hat, geht am besten in eine Bar. Im Kafeníon gibt es Mokka, Tee und Erfrischungsgetränke, manchmal auch *oúzo* oder *tsípouro* – allerdings nur für Männer. Natürlich verbietet kein Gesetz den Griechinnen, ins Kafeníon zu gehen. Aber angesichts der männlichen Übermacht bleiben sie freiwillig weg. Frauen trinken ihren Kaffee lieber im *zacharoplastío,* das in etwa dem deutschen Café entspricht und auch für Jugendliche ein beliebter Treffpunkt ist. Die *kafé-bars,* auch *snack bars* genannt, haben Getränke, Süßigkeiten und Kleinigkeiten wie Toast oder Minipizzen im Angebot. Ausstattung und Preise erinnern manchmal an entsprechende Lokale in Italien. Rhodische Fastfood-Lokale haben meist griechische Gerichte im Angebot, die aber für die schlechte Qualität eigentlich noch zu teuer sind.

Wer sicher sein will, dass nicht nur Urlauber an den Nachbartischen sitzen, sollte mittags nicht vor 13.30 Uhr und abends nicht vor 21.30 Uhr essen gehen. Um 20 Uhr ist für Griechen fast noch Nachmittag und an das Abendessen nicht zu denken. Dass Essen nicht nur Nahrungsaufnahme, sondern auch Kommunikation bedeutet, nimmt man auf Rhodos noch wörtlich. Neue Freunde lädt man eher in die Taverne oder ins Restaurant ein als nach Hause, zwischen den Gängen (oder, so eine typische Redewendung: »zwischen Käse und Birne«) werden Verträge ausgehandelt und politische Seilschaften gebildet.

Menüs werden fast nur in großen Restaurants angeboten. Sonst ist es üblich, die Vorspeisen für alle zusammen und dann die Hauptgerichte zu bestellen. Tagesgerichte, die nicht auf der Karte stehen, nennt der Kellner meist unaufgefordert. Sonst sollten Sie ihn fragen. Beilagen wie Pommes frites und Salate können Sie genau wie die *mezédes* ein- oder zweimal für die ganze Runde kommen lassen. So kommt das Essen billiger, als wenn jeder einzeln bestellt.

In Griechenland ist es üblich, dass einer für alle zahlt – und oft weigert er sich nachher, von den anderen auch nur einen symbolischen Beitrag zur Rechnung anzunehmen. Eine häufige Variante: Jeder legt seinen Obolus in die Mitte des Tischs, bis der Rechnungsbetrag erreicht ist. Nur mit Mühe haben die griechischen Ober sich daran gewöhnt, dass ausländische Gäste, besonders die Deutschen, fast immer getrennt, oder, wie man das in Griechenland nennt, »deutsch« zahlen. Am besten, man sagt dem Kellner schon bei der Bestellung, wie später abgerechnet werden soll.

Öffnungszeiten der Restaurants

Die meisten Tavernen sind durchgehend von ca. 11 Uhr bis Mitternacht geöffnet. Nur einige feinere Restaurants schließen manchmal von 16–18 Uhr oder öffnen gar erst gegen 18 Uhr.

RHODES
VISA
Bad

Sonne im Handgepäck

Mit duftendem Thymian, Schafskäse, Oúzo und einem bunten Keramikteller können Sie ein Stück Rhodos mit nach Hause nehmen

Vorsicht, der Rhodosurlaub kann teuer werden! Das Warenangebot der Boutiquen, Juweliere und Kunstgewerbeläden kommt nämlich an das einer europäischen Großstadt mühelos heran. Vor allem Rhodos-Stadt und Líndos bieten neben dem üblichen Großstadtangebot an Kleidung, elektrischen Geräten, Sportartikeln eine große Palette von Luxusartikeln wie Pelze und wertvollen Schmuck. Als Mitbringsel stehen eine Fülle kleiner und größerer, nützlicher und unnützer Gegenstände zur Wahl: Streichholzschachtel-Behälter mit springenden Delphinen darauf, Souvlákispieße mit kunstvoll verziertem Griff, Reise-Távli-Spiele – Dinge eben, wie man sie nur im Urlaub kauft. Auf jeden Fall sollten Sie sich erst einmal in mehreren Geschäften umsehen. Oft bekommt man denselben Artikel ein paar Straßen weiter für erheblich weniger Geld. Um den Kaufpreis zu feilschen ist in der Regel nur noch bei sehr teuren und/oder seltenen Waren üblich.

Die schönsten sind zwar im Museum, doch die bunten »lindischen Teller« gibt es auch als Souvenirs in reicher Auswahl

Zwar sind die 1948 eingeführten Steuerpräferenzen, die der von Besatzung und Krieg gebeutelten Wirtschaft der Insel auf die Sprünge helfen sollten, außer Kraft, doch gilt Rhodos vielen Griechen immer noch als sehr preisgünstiger Einkaufsort. So ist zum Beispiel schottischer Whisky auf Rhodos für weniger Geld zu haben als in Schottland. Brillengestelle – und übrigens auch Medikamente – sind billiger als in Deutschland. Wer preiswert essen, trinken oder auch rauchen möchte, sollte auf jeden Fall zu griechischen Produkten greifen. Viele können sich mit den ausländischen durchaus messen. Nicht wenige Urlauber kaufen zur Erinnerung eine Dose Papadópoulos-Kekse mit Schokolade-Nuss-Füllung, Oúzo, Metaxá-Brandy oder auch eine Stange griechische Zigaretten. Aber Vorsicht – die relativ billigen Traditionsmarken wie etwa Assos, Karélia oder Santé sind fast so stark wie Selbstgedrehte.

Antikenkopien
Antike Büsten, Vasen, Öllämpchen und sogar ganze Standbilder gibt es in Rhodos-Stadt in einem staatlichen Geschäft in der Nähe des Museums zu kaufen, als Repliken versteht sich. Kleine Stücke sind schon für rund 15 Mark zu haben. Auch Ikonen werden dort angeboten. Repliken antiker Pretiosen finden Sie bei Juwelieren.

Esswaren
Für einen »griechischen Abend« zu Hause können Sie sich einiges aus Rhodos mitnehmen, wenn im Koffer noch Platz ist. Zum Beispiel Oliven und Olivenöl (sehr gut aus Kalamáta, zu haben in Dosen); Schafskäse (die stärker gesalzenen Sorten halten eine Flugreise aus); Gewürze; Pistazien; Süßigkeiten; griechischen Mokka (Bravo und andere Marken, in Supermärkten aluminiumverpackt, in der Kafferösterei auch lose). Mokkatöpfchen *(bríki)* nicht vergessen!

Keramik
In der Antike waren die rhodischen Schalen, Krüge, Vasen und Becher über den Mittelmeerraum hinaus berühmt. Zumindest teilweise hat sich die Tradition erhalten: Die Töpfer von Rhodos haben in ganz Griechenland einen guten Ruf, doch die hand- oder fußgetriebene Drehscheibe, wie sie schon in der Antike benutzt wurde, hat der Elektroscheibe Platz gemacht. Trotzdem lohnt es sich, eine Töpferei zu besuchen und sich die Gefäße in den verschiedenen Produktionsphasen anzusehen. Spezialität auf Rhodos: bunt bemalte Teller als Wandschmuck.

Kleidung
Auf Rhodos ist so gut wie alles zu haben, was es auch in westeuropäischen Großstädten gibt, und oft wegen des günstigen Wechselkurses billiger als zu Hause. Es gibt auch Maßschneidereien, die innerhalb von ein paar Tagen ein Hemd oder einen ganzen Anzug anfertigen.

Kombolóia
Das Kombolói ist ein typisches Accessoire vor allem der älteren Griechen. Es erinnert an einen Rosenkranz, hat aber keinerlei religiöse Bedeutung mehr. Man(n) sitzt im Kafeníon, lässt die Perlen durch die Finger gleiten und murmelt dabei, wie böse Zungen behaupten, immer dieselben Worte: »Ich hab zu tun, ich hab viel zu tun, ich hab zu tun ...« Kombolóia gibt es in allen nur denkbaren Ausführungen: mit Lederband und bunten Plastikperlen (Fußballfans nehmen die Farben ihrer Lieblingsmannschaft) für ein paar Mark pro Stück; mit gelber Schnur, Quaste und ebenfalls gelben Perlen aus Plastik oder, vornehmer, aus Bernstein (die traditionsreichste Version). Klein, aber fein ist die Ausführung mit Metallschnur und versilberten oder vergoldeten Perlen. Entsprechend größer gibt es Kombolóia auch als Wandschmuck.

Lederwaren
Taschen, leichte Schuhe und Accessoires wie Geldbörsen oder Gürtel sind auf Rhodos deutlich billiger als z. B. in Deutschland, leider aber oft auch von schlechterer Qualität. Als Geheimtipp gelten Schuhe, die gut und preiswert sind.

Musik

Alles, was international up to date ist, kann man auf Rhodos als CD, Schallplatte oder Kassette kaufen. Für gute Qualität wird allerdings ähnlich viel Geld verlangt wie zu Hause. Auch bei der griechischen Musik ist die Auswahl groß. Ein paar Namen: Mános Chatzidákis (bei uns bekannt durch die Filmmusik von »Sonntags nie«, die aber für seinen Stil nicht sehr typisch ist); Dioníssis Savvópoulos (ein Alt-Rocker, der mit Songs wie »Scheiß-Griechen« schockt); Eléni Karaíndrou (u. a. Musik zu Théo Angelópoulos' »Bienenzüchter«), Vangélis Papathanassíou (im Ausland unter seinem Vornamen bekannt, Filmmusiken, u. a. Costa-Gavras' »Vermisst«), Jórgos Daláras (spezialisiert auf traditionelle Rembétiko-Lieder, aber auch Schlager und Lateinamerikanisches), Cháris Alexíou (Interpretin traditioneller und moderner Stücke, deren Gesangsstil eine Reihe jüngerer Sängerinnen geprägt hat), Níkos Papázoglou (Rembétiko-Stücke, Schlager). Aus dem Riesenwerk von Míkis Theodorákis, der auch als Politiker von sich reden gemacht hat, sind die von María Farantoúri interpretierten Liederzyklen zu empfehlen.

Pelze

Ausgerechnet Pelzmäntel und -jacken sind bei Rhodos-Urlaubern der Renner. Über hundert Pelzgeschäfte gibt es auf der Insel. Viele auf Rhodos angebotene Pelze kommen aus Kastoriá im Norden Griechenlands. Dort hat man sich auf die Verarbeitung kleiner Pelzstücke spezialisiert. Die Kürschner schneiden sie in dünne Streifen, die dann zu großen Teilen zusammengenäht werden. Die so »gestückelten« Mäntel und Jacken sehen genauso aus wie ein Pelz aus einer ganzen Haut, sind aber viel billiger. Es ist aber auf jeden Fall angebracht, um den Preis sehr hart zu feilschen.

Schwämme

Die bekannte Schwammtaucher-Insel Kálymnos, die ebenfalls zum Dodekanes gehört, beliefert Rhodos mit gelben und braunen Naturschwämmen. Während der Saison laufen die Taucher manchmal auch den Mandráki-Hafen an, um die Früchte ihrer riskanten Arbeit direkt zu verkaufen.

Teppiche, Stoffe, Häkelarbeiten

In den letzten Jahren haben viele Frauen den Webstuhl wieder hervorgeholt und verkaufen Kelims und Stoffe, z. B. für Bettüberwürfe. Eine »Hochburg« der Teppichweberei ist Archángelos. Manche Weberinnen haben nichts dagegen, wenn man ihnen einmal bei der Arbeit zu Hause über die Schulter guckt. Oft reicht eine Nachfrage im Kafeníon, um eine Adresse ausfindig zu machen. Bevor Sie sich auf den Weg machen, sollten Sie bedenken, dass der Tagesablauf in den rhodischen Dörfern anders ist als in einer mitteleuropäischen Großstadt: Zwischen 13 und 17 Uhr zu kommen gilt zumindest im Sommer als unhöflich, und kaum eine Frau wird in der Mittagshitze am Webstuhl sitzen. Oft werden auch feine Strick- und Häkelarbeiten angeboten, allerdings nicht immer »Made in Rhodos«.

Bei der Kirchweih rennen die Esel

Den Heiligen sei Dank – sie sorgen mindestens einmal im Jahr in fast jedem Dorf für fröhliche Feste mit Musik und Tanz bis in den frühen Morgen

GESETZLICHE FEIERTAGE

1. Januar *Neujahr*
Der Namenstag all derer, die Vassílis (männlich) oder Vassilikí (weiblich) heißen, war früher ein wichtigeres Fest als Weihnachten. In Griechenland bringt der Heilige Vassílios den Kindern die Geschenke. In der Silvesternacht spielen die Männer Karten, um das Glück auf die Probe zu stellen, und verlieren dabei oft stattliche Summen. Am Neujahrsmorgen gehen die Kinder singend von Haus zu Haus und bekommen eine Süßigkeit oder etwas Geld. In den Familien wird der »Neujahrskuchen« aufgeschnitten. Wer das eingebackene Geldstück findet, hat, so glaubt man, ein glückliches Jahr vor sich.

6. Januar *Epiphanias*
Am Dreikönigstag wird »das Wasser gesegnet«: Der Geistliche wirft vom Ufer oder vom Schiff aus ein großes Kreuz an einer Schnur ins Meer, und junge Männer tauchen danach. Wer es als Erster erreicht, bringt das Kreuz dem Geistlichen zurück. Die eindrucksvolle Zeremonie findet auf Rhodos am Mandráki-Hafen statt.

Rosenmontag
26. Februar 2001, 18. März 2002, 10. März 2003

25. März *Nationalfeiertag*
Am 25. März 1821 begann der Freiheitskampf der Griechen gegen die türkischen Besatzer. Gefeiert wird mit Paraden, an denen auch Schüler teilnehmen (müssen). Oft tragen sie Volkstrachten oder (die jüngeren) den blauen Schülerkittel mit weißem Kragen. Am selben Tag feiert die Kirche Mariä Verkündigung (auf Rhodos in der Kirche am Mandráki-Hafen). Alle Männer, die Evángelos (Vangélis), und alle Frauen, die Evangelía (Vangélio) heißen, haben ihren Namenstag, der in Griechenland wichtiger ist als der Geburtstag.

Ostersonntag
15. April 2001, 5. Mai 2002, 27. April 2003
Für orthodoxe Christen wie die Griechen das größte religiöse

Feste gehören auf Rhodos einfach dazu, und auch in Tracht lässt man es sich schmecken

MARCO POLO TIPPS FÜR FESTE

1 Kirchweih bei Mesanagrós
Am Sonntag nach Ostern strömen die Menschen von nah und fern zum Kirchlein des heiligen Thomas (Seite 35)

2 Wallfahrt zum Kloster Tsambíka
Hier lebt die alte Volksfrömmigkeit noch fort (Seite 35)

3 Eselsrennen für den heiligen Soulás
Ein turbulentes Volksfest bei Soroní für den Gefährten des Apostels Paulus (Seite 35)

4 Mammut-Panijiri in Kremastí
Neun Tage lang wird die größte Kirchweih des Dodekanes gefeiert (Seite 35)

Fest. Nicht immer fällt es mit dem Osterfest der Katholiken und Protestanten zusammen. Strenggläubige Christen fasten vor Ostern 49 Tage. Die Fastenzeit beginnt am Rosenmontag, den viele mit einem Picknick feiern. Höhepunkte des Osterfests sind die Prozession am Karfreitagabend und der Gottesdienst in der Nacht zum Sonntag. Die Menschen halten Kerzen in den Händen. In der Kirche ist es fast dunkel. Um Mitternacht sagt der Geistliche »Seht her, nehmt das Licht« und entzündet eine Kerze, deren Flamme weitergegeben wird, bis Kirche und Vorplatz vom Kerzenlicht hell erleuchtet sind. Die Osterkerze mit brennendem Docht nach Hause zu bekommen gilt als glückliches Vorzeichen. Nach dem Osterfeuerwerk beginnt das große Schlemmen: Noch in der Nacht gibt es Suppe aus Innereien und Eingeweiden, und am Morgen drehen sich überall Lämmer am Spieß. Bis zum Ostermontag, oft auch noch am Dienstag, wird gegessen, getrunken, getanzt, und sogar die kleinsten Dörfer sind voll Leben. Zu Ostern kommen möglichst viele Familienmitglieder, auch aus Athen und aus dem Ausland, ins Dorf zurück, um mitzufeiern. Die Ostereier sind in Griechenland rot – ein Symbol für das Blut Christi.

1. Mai *Tag der Arbeit*

21. Mai *Fest von Kaiser Konstantin und Kaiserin Helena (Eléni)*
Namenstag aller, die die Namen dieser Heiligen tragen (schätzungsweise ein Drittel der Bevölkerung, darunter viele Prominente und auch etliche bekannte Politiker). Früher war an diesem Tag sogar schulfrei.

15. August *Mariä Entschlafung*
Wichtigstes religiöses Fest nach Ostern, gefeiert besonders in den Marienkirchen (z. B. in Kremastí, Émbonas).

28. Oktober *Nationalfeiertag*
»Nein-Tag« zur Erinnerung an die Antwort des griechischen Generals Ioánnis Metaxás auf das Ultimatum des Kriegsgegners Italien. Gefeiert ähnlich wie der 25. März, aber mit etwas weniger Aufwand.

24.–26. Dezember *Weihnachten*
Früher weniger bedeutend; seit ein paar Jahren ist es vor allem in den Städten genau wie bei uns zu einem reinen Konsumfest mit Essenseinladungen geworden.

LOKALE FESTE

Mindestens einmal im Jahr ist in jedem Dorf *panijíri*, Kirchweih, immer am Namenstag des Schutzheiligen, dem die Kirche geweiht ist. Fast immer findet ein Gottesdienst am Vorabend statt, oft wird danach auf dem Dorf- oder Kirchplatz mit Musik, Tanz und gutem Essen ausgiebig gefeiert. Am Patronatstag selbst findet morgens noch einmal ein Gottesdienst statt. Daran kann sich eine weitere Feier anschließen.

März
Rosenmontag: *Karnevalsumzug* in Kremastí

April
23. April: *Namenstag des hl. Georg*, gefeiert z. B. in Afántou und Kritinía. Liegt Ostern nach diesem Termin, fällt das Fest auf Ostermontag

Traditioneller Volkstanz

Sonntag nach Ostern: *hl. Thomas*, ★ Fest an der Kapelle des Heiligen bei Mesanagrós

Mai
Erste Maiwoche: *Blumenfest* mit Wagenprozession, Mandráki/ Rhodos-Stadt
21. Mai: *hl. Konstantin*, Thári

Juni
24. Juni: *Sonnenwende*
29. Juni: Fest zu Ehren der Heiligen *Peter und Paul*, Líndos

Juli
12. Juli: *Erzengel Gabriel*, Kloster Kámiros
17. Juli: *Prophet Elias*, auf dem Profítis-Ilías-Berg (die Kapelle liegt neben dem Hotel)
27. Juli: *hl. Panteleímon*, Siánna
30. Juli: *hl. Soulás*, ★ Soroní

August
6. August: *Verklärung Christi*, bei Maritsá (in der Nähe von Psínthos im Koumboúli-Gebirge)
14.–23. August: *Mariä Entschlafung*, ★ Kremastí

September
8. September: *Mariä Geburt*. Große Feierlichkeiten im ★ Unteren Kloster Tsambíka und im Skiádi-Kloster
14. September: *Tímios Stavrós*. Das alte Fest vom »Heiligen Kreuz« lebt in Kalithiés, Malónas und Apóllonas fort

Oktober
18. Oktober: *Evangelist Lukas*, Afántou

November
8. November: *Taxiarchen*. Archángelos ehrt seine Patrone, die Erzengel

Trutzige Mauern unter blauem Himmel

In der alten Ritterstadt ist immer für Abwechslung gesorgt

Morgens ein Bad im Meer. Nachmittags ein Rundgang auf Stadtmauern aus der Ritterzeit mit Blick auf türkische Moscheen und ein Bummel durch die Läden in der Altstadt. Ein Besuch der antiken Tempel über der Stadt, dann ein Abendessen zur Feier des Tages in einem Nobelrestaurant auf dem Wasser, und schließlich, Mitternacht ist längst vorbei, gewöhnt man seine Ohren in einer Musikkneipe an die Klänge des Bousoúki.

Verlockend blau ist der Himmel über den Dächern von Rhodos-Stadt

So könnte ein Urlaubstag in Rhodos-Stadt aussehen. Ein Parcours durch die Jahrtausende, von der Antike bis heute, mit einer Flut völlig verschiedenartiger, einander oft widersprechender Eindrücke, die man gar nicht so schnell verarbeiten kann.

Hektisch wie eine moderne Stadt überall auf der Welt; verträumt wie ein altes Dörfchen in der Provence; Respekt einflößende Mauern aus der Ritterzeit und geschmacklose, hastig hochgezogene Billigbauten, Minarette und kunstvoll schlichte Marmorsäulen antiker Tempel – all das ist Rhodos-Stadt.

Hotel- und Restaurantpreise

Hotels
Kategorie 1: über 180 Mark
Kategorie 2: 120–180 Mark
Kategorie 3: unter 120 Mark

Die Preise gelten für eine Übernachtung von zwei Personen im Doppelzimmer mit Frühstück.

Restaurants
Kategorie 1: über 40 Mark
Kategorie 2: 25–40 Mark
Kategorie 3: unter 25 Mark

Die Preise gelten für ein Essen mit Vor-, Haupt- und Nachspeise inklusive Wein.

Ein Ort, der Kontroversen geradezu herausfordert. Am besten, man klammert die Inselhauptstadt bei der Inselrundfahrt einfach aus, sagen die einen. Lieblos hingeklatschte Häuser, ausgesucht hässliche Hotels, Fastfood-Buden, Souvenirkitsch en masse, Verkehrslärm, überfüllte Strände – nicht zu empfehlen. Andere schwören auf die Schönheit und den Charme der Altstadt, die Faszination des Hafens, die beeindruckende Palette von Geschäften und Boutiquen. Und wo sonst drängen sich auf so engem Raum Erinnerungsstücke aus drei Jahrtausenden und (mindestens) drei Kulturen, vom filigranen Armreif einer wohlhabenden Dame der Antike bis zu einer vollständig erhaltenen Geschäftsstraße aus dem Mittelalter? Wo sonst wird Urlaubern auch abends so viel Unterhaltung geboten – gute Restaurants, Musikkneipen, Tanz zum Staunen und Mitmachen?

Die Wahrheit liegt, wie immer, irgendwo in der Mitte. Alles, was Fans und Verächter über Rhodos-Stadt sagen, stimmt. Wer es allerdings links liegen lässt und sofort in sein kleines Ferienapartment an der Ostküste weiterfährt, bringt sich um ein kontrastreiches, aufregendes Erlebnis.

Wie ein riesiger Krake streckt die Stadt ihre Tentakeln nach allen Seiten aus, überwuchert die Vororte und umschlingt die Dörfer der Umgebung – so eng, dass manchmal nur noch am Ortsschild zu erkennen ist, wo die Grenzen verlaufen. Bezeichnend ist die immer wiederkehrende Frage der ankommenden Urlauber im Reisebus, der sie vom Flughafen abholt und an der Westküste entlang Richtung Inselhauptstadt fährt: »Sind wir jetzt in Rhodos-Stadt?« Das erste Mal fragen sie in Paradíssi, das zweite Mal in Ialyssós, das dritte Mal in Ixiá. Dort steht vielleicht das Hotel, das sie gebucht haben – aber die Innenstadt ist immer noch rund zehn Kilometer weit weg. Ixiá war noch vor zwanzig

MARCO POLO TIPPS FÜR RHODOS-STADT

1 Altstadt
Jeder Stein ist sehenswert – wenn das auch allzu viele Touristen wissen! Spazieren Sie am frühen Morgen durch die Gassen, vielleicht erhaschen Sie auch einen Blick in einen der Innenhöfe (Seite 40)

2 Rodíni-Park
Erholung vom Stadttrubel beim Picknick im Grünen (Seite 54)

3 Volkstanztheater
Bei Nélli Dimóglou kann man die echten griechischen Tänze erleben – und in Kursen auch selbst erlernen (Seite 52)

4 Filérimos
Antike Ruinen, dazu ein romantisches Kloster, ein schmackhafter Kräuterlikör und Rhodos aus der Vogelschau – eine Oase am Rand der Stadt (Seite 52)

Jahren ein unbedeutendes Dorf an der Westküste. Heute ist es, wenn auch inoffiziell, ein Teil von Rhodos-Stadt.

An der ganzen Strecke steht ein Hotel neben dem anderen. Die meisten sind hoch, klotzig und grau oder allenfalls weiß. Hier sind sie wieder, die Bausünden der 1960er- und 70er-Jahre, die so viele Küsten Südeuropas verschandelt haben. Schade, dass der Reisebus nicht geradeaus weiterfährt, um das Kap herum. Wer es zu Fuß umrundet, sieht plötzlich hinter einer Biegung, auf einer Landspitze, die sich vorwitzig ins Meer hineinschiebt, ein zierlich wirkendes helles Gebäude, förmlich umzingelt von Hotels und Cafeterias. Das Aquarium von Rhodos ist für viele Neuankömmlinge der erste Gruß aus der Zeit v. T. – vor dem Tourismus.

Wie Teile eines sehr großen, sehr einfachen Puzzles liegen die drei Bezirke der Stadt um die Hafenbecken herum. Ganz innen, am Handelshafen, die Altstadt. Sie gehört im Winter den Einheimischen und im Sommer den Urlaubern. In dem Viertel, das sich an den Mandráki-Hafen anschließt, liegen Hotels, Souvenirläden, Fastfood-Lokale. Dort ist im Sommer quirliges Leben, im Winter weisen geschlossene Türen und Fensterläden jeden ab, der sich außerhalb der Saison auf die Insel verirrt.

Das größte Puzzlestück ist das eigentliche Wohngebiet von Rhodos-Stadt. Die Häuser und Straßen könnten in jeder beliebigen Stadt im Süden Europas liegen. Hier wohnt man, geht morgens zur Arbeit und kommt erst abends wieder zurück. Die meisten Geschäfte verkaufen Alltägliches: Jeans und Sweatshirts, Schulhefte und Kaugummis, Kochtöpfe und Blumenvasen. Da ist kaum etwas, was an einen Ferienort erinnert.

Abends macht man sich auf den Weg zum Mandráki-Hafen, in die Altstadt oder in eins der umliegenden Dörfer. Ohne die Stammgäste aus Rhodos-Stadt könnten die dortigen Spezialitätenrestaurants und Tanzlokale nicht bestehen.

Das Wohnviertel ist von der Altstadt durch die alten Stadtmauern und Grünflächen getrennt. Im Südosten ist es am breitesten, verjüngt sich dann und schmiegt sich wie ein weiches Halstuch an die Häuser der Altstadt.

Rhodos-Stadt per Auto zu erkunden ist für Ortsfremde reiner Nervenkitzel. Während die einheimischen Autofahrer sich mit geradezu traumwandlerischer Sicherheit durch die kleinen, voll geparkten Straßen lavieren und ihr Ziel in der Innenstadt tatsächlich erreichen, steht der Urlauber mit seinem Stadtplan in der Hand oft da wie der berühmte Ochs vorm Berg und tüftelt Winkelzüge aus, die dann in der Praxis immer wieder an dem runden roten Schild mit dem weißen Balken in der Mitte scheitern. Fast möchte man meinen, dass auf jeden der rund 43 500 Bewohner von Rhodos-Stadt gleich noch eine Einbahnstraße kommt.

Auch Radfahrern, die es mit den Verkehrsregeln genau nehmen, kann es passieren, dass sie zwei-, dreimal am Aquarium vorbeikommen, bis sie ein Schlupfloch gefunden haben. Eine besonders harte Nuss für Stadtfremde ist die Angewohnheit der Verantwortlichen, Einbahnstraßen häufiger mal die Richtung wechseln zu lassen. Da fährt man in eine Straße hinein, immer dem blauen, pfeilförmigen Schild nach, und sieht plötzlich auf der Fahrbahn dicke weiße Richtungspfeile, die dorthin zeigen, woher man kommt. Keine Panik. Die Einbahnstraße verlief eben gestern (oder vor vier Wochen oder vor einem Jahr) noch andersherum!

Am besten, man nimmt den Bus, zum Beispiel an der Odós 28. Oktovríou, und fährt erst einmal mit der Line 1, 2, oder 4 zum Mandráki-Hafen oder gleich zur alten Stadtmauer am Handelshafen, Emborikó limáni. Oder man geht zu Fuß außen herum, am Wasser entlang. Auch für die Altstadt gilt: zu Fuß!

★ Die Altstadt von Rhodos hat nämlich etwas Gefährliches an sich: Sie fasziniert, verwirrt, führt in die Irre. Man fängt die Entdeckungsreise langsam an, geht staunend durch die Straße der Ritter, die so aussieht, als seien die Menschen, die hier vor fünfhundert Jahren wohnten, nur mal eben in den Häusern verschwunden. Weiter geht's, vorbei an dem mächtigen Großmeisterpalast, dann in die Einkaufsstraße Odós Sokrátous, ein bisschen bummeln, im Café Kárpathos etwas trinken …

Irgendwann biegt man ab in eine Gasse, fasziniert von einem blumenüberwucherten Hauseingang, folgt dem gewundenen Gässchen rechtsherum, linksherum, noch einmal rechts … Am Türkischen Bad ist man vorbeigekommen, am Volkstanztheater, hat zwischendurch eine Kleinigkeit gegessen, in einer winzigen Bäckerei ein paar Süßigkeiten gekauft – jetzt brennen die Füße …

Ganze Tage könnte man in der Altstadt verbringen und immer wieder noch etwas Neues entdecken. Über dreißig Gebäude und Plätze gelten als sehenswert. Mancher Stadt würde eine einzige dieser Sehenswürdigkeiten genügen, um ihre Gäste zum Besuch des historischen Stadtkerns einzuladen. Die Altstadt von Rhodos, eigentlich ein riesiges Freilichtmuseum, hat dabei gar nichts Steifes und Museales an sich. Die Gebäude werden zum Teil noch genutzt – in der Straße der Ritter zum Beispiel sind der Archäologische Dienst und andere Stellen des griechischen Kulturministeriums untergebracht. Wer kann schon von sich behaupten, in einem Bürohaus aus dem Mittelalter zu arbeiten? In Rhodos-Stadt ist das nichts Ungewöhnliches.

Die Altstadt ist kein Ort, dessen Schönheit man nur genießen kann, wenn er menschenleer ist. Die Gebäude leben durch die Menschen, die in ihnen wohnen oder staunend vorbeigehen, wie es Touristen nun einmal tun. In der Hochsaison allerdings wird es schon mal zu viel mit den Bewunderern. Wer in dieser Zeit da ist, sollte frühmorgens kommen, wenn die Altstadt und ihre Menschen unter sich sind.

☛ **Stadtplan in der hinteren Umschlagklappe**

BESICHTIGUNGEN

Ein Hinweis vorweg: Die Öffnungszeiten (und auch die Eintrittspreise) können sich ändern.

Zum Glück liegen die meisten Gebäude nicht weit voneinander entfernt, und Wartezeiten lassen sich in der Altstadt auf angenehme Art überbrücken – man geht einen Kaffee trinken, stöbert in den Geschäften an der Sokrátous-Straße (und vergisst dabei womöglich den Museumsbesuch).

Aquarium **(U/B 1)**
In einer deutschen Stadt gehen Eltern mit ihren Kindern sonntags vielleicht in den Zoo. Auf Rhodos führt der Familienausflug in den Rodíni-Park oder eben ins Aquarium, eine Hinterlassenschaft der italienischen Besatzer. In dem zierlich wirkenden Pavillon vermutet man allerdings eher ein Jugendstilcafé als ein hydrobiologisches Institut. Im Keller sind ein meeresbiologisches Museum und die Aquarien untergebracht, in denen Fische und diverse andere Meerestiere aus griechischen Gewässern zu sehen sind: Brassen z. B., Barsche, die stachligen Drachenköpfe, Seeigel und Seesterne. *Tgl. 9–21 Uhr, Eintritt 800 Drs., Kalímnou Lérou*

Großmeisterpalast **(U/C 4)**
Als trutziges Wahrzeichen der Stadt thront die mächtige Burg über den Häusern der Altstadt. Im Großmeisterpalast war einst das Machtzentrum des Johanniter-Ordens, der zweihundert Jahre lang Vorposten des christlichen Abendlands im Kampf gegen die Osmanen war. Von italienischen Kaufleuten in Jerusalem gegründet und 1099 vom Papst bestätigt, spielte der Orden eine wichtige Rolle während der Kreuzzüge. Aus dem Heiligen Land vertrieben, kamen die Ritter 1291 erst nach Zypern, bis sie 1309 unter dem Großmeister Foulquet de Villaret Rhodos eroberten und zur größten befestigten Stadt des Mittelmeerraums ausbauten. Nach der türkischen Eroberung der Insel ließen sie sich dann in Malta nieder, das ihnen Kaiser Karl V. 1530 überlassen hatte – aus den Johannitern wurden die Malteserritter. Der Großmeister herrschte ganz wie der Fürst eines souveränen Staats über den weltlichen Besitz des Ordens. Er wurde von Wahlmännern aus den verschiedenen Sektionen des Ordens (»Zungen«) auf Lebenszeit gewählt.

Innenhof des Großmeisterpalasts

Der Palast stammt so, wie er heute aussieht, aus den 30er-Jahren des 20. Jhs. Das ursprüngliche Gebäude wurde im späten 14. Jh. erbaut. Dazu gehörte die Hauptkirche des Ordens. Sie war dem Ordensheiligen Johannes geweiht und stand westlich von der Eingangshalle.

Nachdem die Türken Rhodos erobert hatten (1522), diente das Gebäude als Gefängnis, die

Palastkirche als Kuhstall und die Hauptkirche als Moschee. In den Gewölben wurde das von der Belagerung übrig gebliebene Pulver gelagert. 1856 kam es durch einen Blitzschlag zu einer Explosion, die Johannes-Kirche flog in die Luft, und die umliegenden Gebäude, darunter der Großmeisterpalast, wurden stark beschädigt. Ähnliche Unglücke hat es in Griechenland mehrmals gegeben. Auch der Parthenontempel auf der Akropolis hat den größten Teil seiner Beschädigungen durch die Explosion eines Pulvermagazins erlitten.

Von dem ursprünglichen Gebäude sind nur wenige Teile erhalten geblieben, darunter das Eingangsportal mit den beiden halbrunden Türmen. Den italienischen Architekten, die den Großmeisterpalast wieder aufgebaut haben, werfen Fachleute vor, schlechte Arbeit geleistet zu haben. Das Gebäude sollte dem italienischen König und dem Diktator Benito Mussolini als repräsentativer Wohnsitz dienen, wenn sie Rhodos einmal besuchten – was sie aber nie getan haben. So ist das Obergeschoss ein gutes Stück zu klotzig geraten

Die beiden halbrunden, zinnenbewehrten Türme des Hafentors

und, ein schlimmer Fauxpas: Die Fußböden wurden mit antiken Mosaiken von der Insel Kos geschmückt, wie sie kein Ritter, auch der Großmeister nicht, jemals in seinen Räumen hatte. Zwei neu eingerichtete, sehr informative Ausstellungen im Großmeisterpalast zeigen anhand von Objekten und Illustrationen, wie die Menschen in Antike und Mittelalter lebten und arbeiteten. *Juli und Aug. Mo 12.30 bis 15, Di–Sa 8.30–19, So 8.30 bis 15, sonst Di–So 8.30–15 Uhr, Eintritt 1200 Drs., Platía Kleovoúlou*

Mandráki-Hafen **(U/C–D 3)**

Einen Namen sollten Sie sich gleich einprägen: Mandráki. Sie werden ihn immer wieder hören, wenn Sie nach dem Weg fragen. Wo ist die Touristeninformation? In Mandráki. Wo finde ich den Markt? In Mandráki. Wo kann man ein Boot mieten? Na? Mandráki heißt übersetzt »kleiner Schafpferch«. Woher der antike Kriegshafen von Rhodos-Stadt seinen heutigen Namen hat, weiß niemand genau. Eine Erklärung besagt, dass das mit seiner Bauweise zu tun haben könnte: Der Mandráki-Hafen sieht aus wie eine Zange und umschließt die Schiffe wie der Pferch die Schafherde.

Wer mit dem Schiff kommt, wird an der Hafeneinfahrt von Hirsch und Hirschkuh, den Wappentieren der Insel, begrüßt. In der Antike soll der Koloss von Rhodos dort gestanden haben. Vom Meer aus gesehen links steht heute der runde Turm der mächtigen Ágios-Nikólaos-Festung aus dem 15. Jh. Die drei Mühlen auf der Mole sind wahrscheinlich etwa genauso alt.

Mandráki wird aber auch der Bezirk hinter dem eigentlichen Hafen genannt. In Mandráki fahren die Linien- und die Überlandbusse ab, in Mandráki ist der große Taxistand.

Und der Markt. Das Gebäude der Néa Agorá ist nicht zu übersehen: Es hat sieben Ecken, ist aber nur eineinhalb Stockwerke hoch. Unter den Arkaden zur Hafenseite hin ist eine Reihe von Cafés, die bis spät in die Nacht voll besetzt sind. Dort gibt es die auf Rhodos so beliebten, ursprünglich türkischen Süßigkeiten wie Baklavás und Kataífi. An den zwei Kiosken zwischen den Cafés werden internationale Zeitungen und Zeitschriften verkauft. Im Innenraum der Néa Agorá ist täglich außer sonntags Fischmarkt. Dort sind ein paar kleine Restaurants sowie Souvenirläden. Leider hat der Markt viel von seinem ursprünglichen Charme verloren.

Mandráki fasziniert immer wieder neu: Hafenflair, Markttrubel, großstädtische Betriebsamkeit. Natürlich hat das Juwel viele Bewunderer. An manchen Tagen sind es so viele, dass sie sich am Eleftherías-(Freiheits-)Tor, das auf dem kürzesten Weg zur Altstadt führt, auf die Füße treten – nicht zuletzt deshalb, weil auch Autos das Freiheitstor passieren und für Fußgänger rechts und links nur ein schmaler Streifen vorgesehen ist.

Monte Smith **(U/A 6)**

Wie jede griechische Stadt, die aus der Antike stammt, hat auch Rhodos-Stadt seine Akropolis. Von den Tempeln ist leider nicht mehr allzu viel übrig. Der Ausflug auf den etwa 110 m hohen

Berg lohnt sich aber trotzdem, weil man hier die ganze Stadt von oben sieht: Altes und Neues, Schönes und Hässliches. Seinen unpassend anmutenden heutigen Namen verdankt der Burgberg dem Oberbefehlshaber der britischen Marineeinheiten, die im frühen 19. Jh. auf Rhodos stationiert waren. Ihre Aufgabe war es, das östliche Mittelmeer zu überwachen und vor möglichen Angriffen der Truppen Napoleons zu schützen, der zu dieser Zeit seinen Ägyptenfeldzug führte.

Die Italiener gaben dem Berg den Namen Monte Santo Stefano. So wird er heute noch gelegentlich genannt. Er liegt im Westen der Stadt und ist mit dem Linienbus gut zu erreichen. Dreieinhalb Säulen eines Apollotempels, ein wieder aufgebautes Theater und ein teilweise rekonstruiertes Stadion – das sind die spärlichen Überreste. Sie reichen aber aus, um einen Eindruck davon zu gewinnen, wie es hier einmal ausgesehen hat.

Vom Monte Smith lässt sich Rhodos-Stadt in seiner ganzen Widersprüchlichkeit bewundern. Ausblick Nummer eins bietet sich gleich am Anfang, dort, wo die Busse der Reisegesellschaften halten. Das Westküstendorf Ixiá präsentiert sich vom Rand des Bergs als ein Klumpen aus wucherndem Asphalt und Beton. Großhotels wie das Sofitel Capsis ragen in den Himmel.

Um Ausblick Nummer zwei zu genießen (das ist diesmal wörtlich gemeint), müssen Sie auf den höchsten Punkt des Monte Smith steigen, wo die Grundmauern zweier Tempel zu sehen sind. Von dort blicken Sie auf den schönen Teil der Westküste, der hinter dem Flughafen beginnt, auf die Insel Sími und die Küste Kleinasiens. Ein besonderer Genuss ist dieses Panorama bei Sonnenuntergang. *Ständig zugänglich, zu erreichen über die Odós Voríou Ipírou, Neustadt, Bus Nr. 5 ab Mandráki/Néa Agorá*

Rejab-Pascha-Moschee (U/D 5)
Als die Türken 1522 Rhodos erobert hatten, gaben sie der Insel ein völlig neues Gesicht. Bisher ungewohnte Kuppelbauten und Minarette tauchten auf, aus Kirchen wurden Moscheen, Lagerräume oder Kuhställe. Manche ließ man auch einfach verfallen. Den Bauten aus der Türkenzeit ging es dann bei den Italienern ähnlich, sie wurden vernachlässigt oder umfunktioniert. Auch die Rhodier restaurieren die Moscheen, wenn überhaupt, sehr langsam, sodass die meisten zurzeit nur von außen zu besichtigen sind.

So auch die Rejab-Pascha-Moschee an der kleinen Platía Doriéos mitten in der Altstadt. Sie gilt als die schönste von Rhodos, vor allem wegen ihrer einst berühmten Ausstattung mit Fayencen. Zurzeit kann man nur den malerischen Anblick von Minarett und Reinigungsbrunnen genießen. *Platía Doriéos*

Ritterstraße (U/C–D 4)
Schnurgerade zieht sich die Odós Ippotón vom Ordenshospital der Johanniter-Ritter, in dem heute das Archäologische Museum untergebracht ist, zum Großmeisterpalast. Rechts und links liegen die Herbergen der verschiedenen »Zungen« des

Ritterordens, geschmückt mit den Wappen der jeweiligen Großmeister. Die schönste gehörte den französischen Rittern und liegt etwa in der Mitte. Die Ritterstraße ist die einzige spätmittelalterliche Wohnstraße, die erhalten geblieben ist. Sie ist sehr schlicht und wirkt fast langweilig, wenn kein Mensch darin zu sehen ist. *Ständig zugänglich, Besichtigung von Innenräumen nicht möglich, Odós Ippotón, Altstadt*

Stadtmauern **(U/C-E 4-6)**
Die schönsten Ausblicke auf die Minarette und Hinterhöfe der Altstadt hat man von den mittelalterlichen Stadtmauern. Zum Hauptwall gelangt man durch das Kanonentor der Loggia des Großmeisterpalasts, der höher liegt als die übrige Altstadt. Das Kanonentor wird zweimal in der Woche für kurze Zeit geöffnet. Wer den Termin verpasst hat und sich einen Eindruck von den mächtigen Stadtmauern und -toren verschaffen will, kann vom Eleftherías-Tor aus außen um die Stadtmauern herumlaufen – der Rundgang dauert über eine Stunde. *Gang über den Hauptwall vom Großmeisterpalast, Mo und Sa 14.45 Uhr, Eintritt 1200 Drs.*

Süleiman-Moschee **(U/C 5)**
Der rosafarbene Bau am oberen Ende der Einkaufsstraße Odós Sokrátous stammt aus dem 19. Jh. und ist ein Neubau der Moschee, die dort unmittelbar nach der Eroberung von Rhodos gebaut wurde. *Meist verschlossen*

Türkischer Friedhof **(U/C 2)**
Ein stimmungsvoller Platz am nördlichen Ende der Platía Eleftherías. Die Moschee in der Mitte trägt den Namen des Admirals Murad Reis, der bei der Belagerung von Rhodos fiel und ebenfalls dort begraben ist. *Ständig zugänglich, Platía Eleftherías, Neustadt*

Türkisches Bad **(U/C 5)**
Der große Kuppelbau aus dem 18. Jh. dient heute als öffentliche Badeanstalt (Dimotiká Lutrá), viele Häuser der Altstadt haben nämlich keine Badewanne. Auf die Annehmlichkeiten der echten türkischen Hamams, wie Dampfbad und Massage, muss man in der öffentlichen Badeanstalt von Rhodos-Stadt allerdings leider verzichten. *Mi–Sa 7–19 Uhr, Eintritt 500 Drs., Platía Aríonos, Altstadt, Tel. 27739*

Uferstraße **(U/C 2-3)**
Die Eleftherías ist streckenweise so breit, dass die Autos sich darauf verlieren. Rechts und links liegen imposante, klassizistisch anmutende Gebäude. Die Post zum Beispiel residiert in dem Prachtbau, der schon türkischen Präfekten und auch italienischen Gouverneuren als Amtssitz gedient hat.

Gegenüber, neben dem Bischofspalast, liegt die orthodoxe Evangelismós-Kirche. Die frühere Hauptkirche der Johanniter wurde 1925 nach alten Zeichnungen rekonstruiert. *Tgl. 7–12 und 17–19.30 Uhr*

Uhrturm **(U/C 4-5)**
Wegen der herrlichen Aussicht auf Dächer und Türme der Altstadt lohnt es sich, auf den Turm zu klettern. Das Glockenspiel funktioniert pünktlich! *Tgl. 9–19 und 21–23 Uhr, Eintritt inkl. Erfrischungsgetränk 1000 Drs., Odós Orféos 1, Altstadt*

MUSEEN

Archäologisches Museum (U/D 4)
Sehenswert ist vor allem das Gebäude, in dem das Museum untergebracht ist, das Ordenshospital der Ritter. Es stammt aus dem 15. Jh. und ist ein schlichter Bau mit einem großen Innenhof, der auf allen Seiten von Arkadengängen umgeben ist. Die eine Seite wird ganz von dem 50 m langen Krankensaal der Ritter eingenommen. Die medizinische Versorgung im Hospital soll so gut gewesen sein, dass sogar aus dem Ausland Patienten kamen.

Die größten Kostbarkeiten des Museums sind eine kleine Marmorstatue, die um das Jahr 100 v. Chr. entstanden ist und »Kauernde Aphrodite« genannt wird; eine Grabstele aus dem 5. Jh., die zwei Frauen, vermutlich Mutter und Tochter, zeigt – sie heißen nach der Inschrift auf dem Stein Krito und Timarista; und eine große, vor Rhodos im Meer gefundene Aphroditenstatue. *Di–So 8.30 bis 15 Uhr, Juli und Aug. Mo 12.30–19, Di–Fr 8–19, Sa und So 8.30 bis 15 Uhr, Eintritt 800 Drs., Odós Apéllou, Altstadt*

Ikonenausstellung (U/D 4)
Für die Sammlung von Ikonen und Wandmalereien ist die kleine Marienkirche aus dem 12. Jh. der richtige Rahmen. Sakrale Musik vom Tonband stimmt den Besucher schon am Eingang auf die Ausstellung ein. In dem kühlen Raum mit den Gesichtern der Heiligen auf dunklem Holz sprechen dann alle unwillkürlich viel leiser, jeder merkt: Dies ist ein Ort, an dem man sich von den Eindrücken der lauten, turbulenten Stadt erholen und zur Besinnung kommen kann. *Di–So 8.30–15 Uhr, Eintritt 600 Drs., Panagía tou Kástrou (St. Mary), Platía Mousseíon*

Museum für Dekorative Kunst (U/D 4)
Ein volkskundliches Museum mit einer großen Sammlung lindischer Teller. *Di–So 8.30–15 Uhr, Eintritt 500 Drs., Platía Argirokástrou, Altstadt*

Städtische Gemäldegalerie (U/D 4)
Mit dieser Einrichtung hat Rhodos den meisten anderen griechischen Provinzstädten etwas voraus: Außerhalb Athens gibt es nur wenige Möglichkeiten, sich einen Überblick über zeitgenössische Kunst zu verschaffen. In der kleinen Galerie finden sich Arbeiten von Wegbereitern der griechischen Malerei des 20. Jhs. wie Fótis Kóntoglou und Spíros Vassilíou, aber auch Bilder und Skulpturen zeitgenössischer Künstler. *Mo–Sa 8–14 Uhr, Eintritt 500 Drs., Platía Símis, Altstadt*

RESTAURANTS

Wie alle griechischen Städter gehen die Rhodier für ihr Leben gern gut essen, und sie sind auch bereit, dafür einige Kilometer mit dem Auto zu fahren. Sowohl in Rhodos-Stadt als auch in den Dörfern der Umgebung ist die Auswahl an guten Restaurants so groß, dass man sie wohl kaum alle ausprobieren kann.

Akropolis (U/D 5)
Gartenlokal mit vielen schmackhaft zubereiteten Spezialitäten. *Odós Sofokléous 16, Altstadt, Tel. 297 45, Kategorie 2*

Casbah **(U/D 5)**
Stilvolles Café und Restaurant, das mediterrane und nahöstliche Küche bietet. *Odós Platónos 4–8, Altstadt, Tel. 736 36, Kategorie 1*

Cleo's **(U/D 5)**
Gute italienische und französische Küche. Nur abends geöffnet. *Odós Agíou Fanouríou 17, Altstadt, Tel. 284 15, Kategorie 1*

Diafani **(U/C 5)**
Taverne am Platz mit dem Türkischen Bad. Große Auswahl auch an gekochten Gerichten. Wer die Greek Plate bestellt, erhält einen bunten Querschnitt durch vieles, was die Küche dieses recht preisgünstigen Lokals zu bieten hat. *Platía Ariónos 3, Altstadt, Tel. 260 53, Kategorie 3*

Dinóris **(U/D 4)**
Wer Fisch mag, ist dort richtig: Das Restaurant hat sich auf Meeresfrüchte in allen Variationen spezialisiert. Zusätzliches Plus (das sich allerdings auch etwas in den Preisen niederschlägt): Bei Dinóris speist man in einem schönen historischen Gebäude. *Platía Mousío 14 a, Altstadt, Tel. 258 24, Kategorie 1*

Hollands **(U/A 2)**
Holländisches Restaurant, das neben zahlreichen, bei Kindern sehr beliebten Pfannkuchenvariationen auch gute indonesische Küche bietet. *Aktí Miaoúli 20, Neustadt, Kategorie 2*

Líndos **(U/B 1)**
Ein relativ schmuckloses Restaurant, das gute griechische Küche bietet. Der beste Beweis dafür: Einheimische kommen oft zum Mittagessen hierher. *Platía Gavriíl Charítas, Neustadt, Tel. 244 21, Kategorie 2*

Mama Sofia **(U/C 4)**
Taverne mit preiswerten Fischgerichten und familiärer Atmosphäre. *Odós Orféos 28, Tel. 244 69, Kategorie 2*

Oasis **(U/D 5)**
Ausschließlich griechische Gerichte, auf traditionelle Art gekocht. *Platía Doriéos, Altstadt, Kategorie 2*

Pandaisia **(U/D 5)**
Das Restaurant gehört einer freundlichen, von Ólimbos auf der Nachbarinsel Kárpathos stammenden Familie, die gute griechische Hausmannskost serviert. Wie in ihrem Heimatdorf üblich, trägt die Wirtin meistens ihre traditionelle Tracht – aus Gewohnheit allerdings und nicht etwa als Spektakel für die Touristen. Gutes Preis-Leistungs-Verhältnis! *Platía Akousiláou, Altstadt, Kategorie 3*

Socratous Garden **(U/C 5)**
Ein Gartenlokal in der Altstadt, in dem man unter Palmen gut griechisch essen kann. Auf den Korbstühlen und an zwei langen Tresen sind aber auch Gäste willkommen, die nur ein Eis essen oder etwas trinken möchten – wie wär's zum Beispiel mit der Spezialität des Hauses: Melonenschnaps. *Odós Socratoús 126, Tel. 201 53, Kategorie 3*

Symposium **(U/C 5)**
Wer an der Altstadtatmosphäre und an der griechischen Küche Gefallen gefunden hat, ist in diesem Lokal richtig. Es liegt in einem umgebauten Altstadt-

haus. Auf der Speisekarte stehen Mezédes wie gefüllte Weinblätter oder Auberginenpaste *(melitzanosaláta)* und Hauptgerichte wie geschmortes Rindfleisch oder gegrillte Scampi. *Odós Archélou 3, Altstadt, Tel. 375 09, Kategorie 2*

EINKAUFEN

Der Einkaufsbummel ist eine ständige Versuchung, weil vieles günstig zu haben ist. In der Neustadt wimmelt es zum Beispiel von guten Bekleidungsgeschäften, die auch international bekannte Marken führen.

Brouzakis **(U/C 3)**
Hier gibt es Filme, Batterien und anderes, was (Hobby-)Fotografen im Urlaub brauchen. Die Fotohandlung bietet auch die in Griechenland überaus beliebte Schnellentwicklung an. Nach einer Stunde sind die fertigen Abzüge abholbereit. *Odós Sofoklí Venizélou 47, Neustadt*

Casts & Reproductions **(U/D 4)**
Wenn Ihnen im Archäologischen Museum ein Stück gut gefallen hat – ein paar Schritte weiter, in dem vom griechischen Kulturministerium betriebenen Geschäft, können Sie vielleicht eine Replik davon kaufen oder bestellen. *Ecke Odós Apéllou/ Ritterstraße*

Ilías Laloúnis **(U/D 4)**
In der Filiale des international bekannten Athener Schmuckdesigners (auch in Paris, London, New York, Genf vertreten) werden Sie sich fühlen wie die sympathische, aber mittellose Audrey Hepburn als Hollie in dem Filmklassiker »Frühstück bei Tiffany«: Alles glänzt so verführerisch, und nichts kann man kaufen …

Nach einigem Stöbern entdecken Sie vielleicht aber doch etwas, das nicht gänzlich unerschwinglich ist. *Platía Megalou Alexándrou, Altstadt*

Manuel **(U/C 3)**
Ein gut sortiertes Schallplattengeschäft in der Neustadt. Sie bekommen dort griechische CDs, Schallplatten und Musikkassetten in ausgezeichneter Qualität (beraten lassen!), aber auch alles, was international gerade aktuell ist. *Odós 25. Martíou 11–13*

Marco Polo Gallery **(U/D 5)**
Zeitgenössische Kunst in geschmackvoller Präsentation, aber nicht ganz billig. *Odós Agíou Fanoúriou 42, Altstadt*

Nikos & Takis **(U/C 4)**
In einem ehemaligen türkischen Harem in der Altstadt bieten die beiden Athener Nobeldesigner auf drei Etagen ihre Kollektion feil, darunter hauchdünne Blusen, handbemalte Schals und elegante Kleider. Ganz billig sind die schönen Stücke allerdings nicht. *Odós Panetíou 26–28*

HOTELS

Pauschal Reisende wohnen fast ausschließlich in der Neustadt von Rhodos. Sehr viel ruhiger und stimmungsvoller residieren Sie innerhalb der Altstadtmauern. Dort gibt es inzwischen eine ganze Reihe kleiner Hotels und Pensionen aller Preisklassen, die modernen Komfort mit historischem Ambiente verbinden.

Wunder gibt es immer wieder

Die oft bewunderte und manchmal auch verfluchte griechische Gelassenheit hat ihre Wurzeln nicht nur im sonnigen Klima, sondern auch in der natürlichen Gläubigkeit vieler Hellenen. Sie wissen, dass sie sich bei Problemen an den dafür zuständigen Heiligen wenden können. Der weilt nicht nur in himmlischen Gefilden, sondern ist zumeist ganz in der Nähe als Ansprechpartner präsent: in Gestalt seiner Ikone in einer Kirche, im Wohnzimmer, auf der Brücke einer Fähre oder zwischen den Frontscheiben des Linienbusses.

Die hl. Paraskeví ist für Probleme mit den Augen zuständig, die hl. Markélla kümmert sich um die Beine, der hl. Nikólaos um Kinder und Seefahrer, der hl. Raffaíl um angeblich unheilbare Krankheiten – und die Gottesgebärerin, anderswo die heilige Jungfrau genannt, kann in allen Fällen helfen.

Andreas Rooms (U/D 5)

Die kleine Pension im nördlichen Teil der Altstadt wird von einer griechisch-französischen Familie betrieben, die darüber hinaus fließend Englisch spricht. Es gibt Zimmer mit und ohne Dusche/WC. Zimmer 21 ist mit seinen drei Fenstern das schönste. Von der Bar auf der Aussichtsterrasse aus liegt einem die ganze Altstadt zu Füßen. *12 Zi., Odós Omírou 28 d, Tel. 341 56, Fax 742 85, Kategorie 3*

Casa de la Sera (U/E 5)

Betreut von der Familie Delasera, wohnt man sehr zentral in diesem alten Haus aus Ordensritterzeiten. Es liegt nur 200 m vom Fähranleger entfernt in der Altstadt. Im Erdgeschoss ist eine Bar, und eine Dachterrasse gibt es auch. *8 Zi., Odós Thiséos 38, Tel. 751 54, kein Fax, Kategorie 2*

Irini (111/E-F 2)

Direkt neben dem Kirchlein der heiligen Irene in Koskinoú steht das kleine Apartmenthaus des Ehepaars Rados. Es ist gut geeignet für Urlauber, die in einem ruhigen, noch ziemlich »griechischen« Dorf Ferien machen wollen. Für Maria Rados gehören die Gäste mit zur Familie, und wenn sie mit ihren Sprachkenntnissen nicht weiterkommt, hilft die älteste Tochter. Das Dorf selbst bietet mehrere gute Tavernen und Restaurants, Kafenía, Kaufläden sowie einen Supermarkt. Wegen der schlechten Busverbindung empfiehlt sich ein eigenes Fahrzeug. *Koskinoú, 8 km nach Rhodos-Stadt, 10 Zi., Tel. 630 00 und 619 44, kein Fax, Kategorie 2*

Marco Polo Mansion (U/D 5)

Fünf exklusiv eingerichtete Zimmer in einem ehemaligen türkischen Haus mit Harem und Hamam. *Odós Agíou Fanoúriou 42, Altstadt, Tel./Fax 791 15, E-Mail: marcopologallery@hotmail.com, Kategorie 1*

Niki's Rooms (U/D 5)

Die modern ausgestattete Pension liegt ziemlich zentral. *12 Zi., Odós Sofokléous 39, Altstadt, Tel. 251 15, kein Fax, Kategorie 3*

Olympos **(U/D 5)**
Ganzjährig geöffnete Pension mit gut Deutsch sprechender Wirtsfamilie in einem alten Haus mit schönem Garten. *7 Zi., Odós Fanoúriou 56, Altstadt, Tel./Fax 335 67, Kategorie 3*

Rodos Park **(U/B 4)**
Komfortabel, in Altstadtnähe mit Pool, etwa 800 m vom Strand entfernt. Alle Zimmer mit französischem Bett; Suiten mit Whirlpool. Ganzjährig geöffnet. *60 Zi., Odós Ríga Feréou 12, Tel. 246 12, Fax 246 13, Kategorie 1*

S. Nikolis' Hotel **(U/C 5)**
Sotiris Nikolis und seine Frau Marianne, eine Dänin, haben mehrere Altstadthäuser aus dem 14. Jh. zu einem kleinen Hotel mit zwölf Zimmern, fünf Apartments und vier Flitterwochensuiten mit eigenen Gärten und Balkonen sowie mit Privatparkplätzen umgebaut. Die Zimmer sind im traditionellen Stil geschmackvoll eingerichtet. Alle haben Telefon und Bad. Bisher kommen vor allem amerikanische Gäste. Das Frühstücksbüffet auf einer großen Terrasse mit schöner Aussicht kostet extra. *Odós Ippodámou 61, Tel. 345 61, Fax 320 34, Kategorie 1*

SPIEL UND SPORT

Mopeds und Motorräder
Vermieter gibt es viele in der Neustadt. Einer hat sich auf Motorräder der Marke Harley Davidson spezialisiert: *Harley, Odós 28. Oktovríou 80, Tel./Fax 749 25*

Radfahren
Rhodos ist eine gebirgige Insel. Wer Rad fahren will, sollte sich ein Mountainbike leihen. Erstklassige Mountainbikes vermietet *Hellas Bike Travel* im *Grecotel Rhodos Imperial* in Ixiá *(Tel. 725 09 20, Fax 725 76 71)*. Dort werden auch deutsch- und englischsprachig geführte Touren verschiedener Schwierigkeitsgrade über die Insel angeboten.

Reiten
Pferde sind in Griechenland noch überwiegend für die Landarbeit da. Einer der beiden Reitställe von Rhodos liegt am Weg zum Filérimos-Berg. *Mike's Horses, Odós Keramedénia, tgl. 9.30 bis 13.30, 16–20 Uhr, Tel. 213 87*

Wassersport
Rhodos und Umgebung lassen kaum Wünsche offen. An allen großen Stränden kann man Surfboards und Tretboote mieten oder sich auf Wasserskiern versuchen. Surfer haben an der Westküste den besten Wind.

Boote der gängigen Größen, bis hin zu wettkampftauglichen Segelbooten, sind mit oder ohne Crew im Mandráki-Hafen zu mieten. Informationen bei: *Yacht Agency Rhodos, Odós Virónos 1, Neustadt, Tel. 229 27, Fax 233 93, www.yachtagency.com*

AM ABEND

Nirgendwo auf der ganzen Insel werden Sie ein so breites Unterhaltungsangebot finden wie in Rhodos-Stadt. Hinweis: Lokale, in denen Livemusik gespielt wird, sind vor 22 Uhr entweder geschlossen oder gähnend leer.

Café Chantant **(U/D 5)**
Kein Café, sondern ein typisch griechisches Musiklokal, in dem

Die Strände von Rhodos bieten nicht nur Badefreuden

von etwa zehn Musikern und Sängern fast ohne Pause nur griechische Musik gespielt wird. Wenn eine griechische Tischgemeinschaft in Schwung kommt, tanzt sie. Ausländer sollten sich aufs Zuschauen beschränken. Jedes Getränk kostet etwa 15 Mark, Griechen lassen sich hier bevorzugt Whiskyflaschen auf den Tisch stellen (ca. 150 Mark). *Di–So 23.30–3 Uhr, Odós Aristotélous 22, Altstadt, Tel. 322 77*

Harley Davidson Bar **(U/C 3)**
In-Treff nicht nur für Motorradfreaks, die hier auf echten Harleysätteln ihre Cocktails und Longdrinks genießen. *Odós 25. Martiou/Odós Amerikís, Neustadt*

Kasino **(U/B 2)**
Im altehrwürdigen Bau des ehemaligen *Hôtel des Roses* aus der italienischen Besatzungszeit ist 1999 ein elegantes Spielkasino direkt am Meer geworden. Wo 1988 die Regierungschefs der EU-Staaten tagten, dreht sich jetzt 365 Tage im Jahr rund um die Uhr die Roulettekugel. Das Kasino gehört zum Teil Hugh Hefner, dem Begründer des Playboy-Imperiums. Wundern Sie sich also nicht, wenn Sie von Bunnies bedient werden. *Odós Ko, Zutritt erst ab 23 Jahren, Eintritt 5000 Drs.*

Elli **(U/C 2)**
In der Musikkneipe werden die Gäste mit Rembétiko-Liedern in Stimmung gebracht, bis der Erste aufsteht, um zu tanzen. Typischer Liedtext: »Nimm deine schmutzigen, ungewaschenen, weggeworfenen Sachen und hau ab, mein Freund, was willst du noch von mir?« *Aktí Kountourióti 6, Neustadt, Tel. 268 00*

Le Palais **(U/C 3)**
Disko – groß, grell und bunt. *25. Martíou 2, Neustadt*

Ton und Licht **(U/C 4)**
Bei allen Vorbehalten gegen solche Spektakel: Dieses lohnt sich.

Im Mittelpunkt steht der Großmeisterpalast, dessen Geschichte durch eingängigen Text und geschickt dosierte Licht- und Geräuscheffekte lebendig wird. *April – Okt. tgl. Vorstellungen in mehreren Sprachen. (siehe Aushang neben der Kasse). Eintritt 1500 Drs., Platía Rimíni, Tel. 219 22*

Volkstanztheater Nélli Dimóglou **(U/C 5)**
★ Die Idee kommt aus Athen: Dort hatte die renommierte Tanzpädagogin Dóra Strátou vor Jahrzehnten ein eigenes Volkstanztheater gegründet. Ihre Schülerin Nélli Dimóglou hat es ihr nachgetan. Das Ensemble zeigt die klassischen griechischen Volkstänze, jeweils in den traditionellen Originaltrachten der Region. Danach hat man auf jeden Fall einen Eindruck davon gewonnen, wie die griechischen Tänze »richtig« getanzt werden. Auch klassische Volkslieder werden vorgetragen. Für Gruppen ab fünf Personen, die sich selbst einmal an den Schritten versuchen wollen, veranstaltet Nélli Dimóglou regelmäßig einwöchige Intensivkurse. *Preis pro Person und Kurs, mit freiem Eintritt ins Theater, etwa 50 000 Drs., Anmeldung Tel. 201 57*

Vorstellungen während der Saison tgl. außer Sa 21.20 Uhr, Mo, Mi, Fr auch 23 Uhr, Odós Androníkou 7, Altstadt, Eintritt auf allen Plätzen 3000 Drs., Tel. 290 85

AUSKUNFT

Griechische Zentrale für Fremdenverkehr **(U/C 3)**
Mo–Fr 7.30–15 Uhr, Ecke Makaríou- und Papágou-Straße, Tel. 232 55, Fax 269 55

Fremdenverkehrsamt Rhodos-Stadt **(U/C 4)**
Platía Rimini, Mandráki, Mo–Sa 9–20 Uhr, Tel. 359 45

ZIELE IN DER UMGEBUNG

Ziele in der Umgebung – das ist eigentlich die ganze Insel. Wir bleiben hier zunächst in Stadtnähe, dazu werden zwei Inselausflüge vorgeschlagen. Der Hafen ist im Übrigen der ideale Ausgangspunkt für Inselhüpfer – in etwa vier Stunden z. B. ist man auf Kos oder Kárpathos – oder für einen Tagesausflug zur türkischen Küste.

Filérimos **(111/D–E 2)**
★ Für die Bewohner von Rhodos-Stadt ist der Filérimos-Berg ein sehr beliebtes Naherholungsgebiet. Auf dem 267 m hohen Plateau ist es sogar im Sommer relativ kühl, und der Weg nach oben bietet immer wieder schöne Ausblicke auf die Küste. Hier stand einst die Akropolis des antiken Ialyssós.

Sie verlassen die Stadt auf der Westküstenstraße und biegen in Triánta links ab. Der Weg ist ausgeschildert. Für die Fahrt den Berg hinauf sollten Sie sich Zeit nehmen – die vielen Serpentinen erlauben ohnehin keine hohe Geschwindigkeit. Nur etwa zwanzig Minuten von der quirligen Innenstadt entfernt sind Sie hier in einer völlig anderen Welt: mächtige Kiefern rechts und links, Kräuterduft, zirpende Zikaden. Kommt einmal ein Auto oder ein Moped, hören Sie es schon von weitem. Filérimos heißt übersetzt: Freund der Einsamkeit. Angeblich trägt der Berg diesen Namen schon seit dem Mittelalter, als ein Eremit sich dort niedergelassen hatte.

Die Gebäude und Ruinen auf dem Filérimos-Berg stammen aus drei Jahrtausenden. Am besten erhalten wirkt das Kloster aus dem 10. Jh. Italienische Archäologen haben es vor dem Zweiten Weltkrieg auf den Ruinen der alten Gebäude wieder aufgebaut. Die von den Italienern ebenfalls rekonstruierte Klosterkirche, ein Bau der Kreuzritter aus dem 15. Jh., wird heute noch gern als Ort für romantische Hochzeiten und Taufen genutzt.

Auf den ersten Blick kaum zu sehen ist das Kirchlein des Ágios Geórgios Chostós. Es ist ein gutes Stück in den Hang eingesenkt, wie der Beiname Chostós (vergraben, versteckt) schon sagt. Die Fresken darin zeigen Szenen aus dem Leben Christi (darunter den Verrat durch Judas, die Geißelung und Kreuzigung), aber auch kniende Ritter und das achtzackige Kreuz der Johanniter. Das Kirchlein ist allerdings nicht immer geöffnet.

Ganz oben auf dem Plateau stehen unmittelbar vor dem Kloster die Reste eines kleinen Athenatempels aus dem 3. und 2. Jh. v. Chr., einer frühchristlichen Basilika samt erhaltenem Baptisterium und mehrerer Kapellen aus dem 15. und 16. Jh.

Beim Rundgang sieht man Reste der Mauern, die in byzantinischer Zeit errichtet wurden und das Gelände vor Angriffen schützen sollten. Für Johanniter-Ritter, Türken und Italiener war der Filérimos-Berg ein strategisch wichtiger Punkt. Deshalb sind die Mauern mehrmals restauriert worden. Der Spaziergang lohnt sich aber vor allem wegen der Ausblicke auf die Küste und das Bergland im Südwesten, die man dabei genießen kann. Am Kiosk vor der Kasse gibt es Erfrischungsgetränke und den Likör Sette Erbe, der seinem Namen nach sieben Kräuter enthält. *Ausgrabungsstätten Di bis Fr 8.30–18, Sa–Mo 8.30–15 Uhr, Eintritt 800 Drs., die anderen Wege sind frei zugänglich; 5 km ab Ialyssós, Bus nach Rhodos-Stadt*

Kallithéa-Thermen **(111/F 3)**

Bis zum Zweiten Weltkrieg hatte Rhodos neben Sonne, Meer und Kultur noch eine Attraktion zu bieten: ein Thermalbad. Im feinen Kurpark Kallithéa an der Ostküste kurierten gut situierte Herrschaften ihr Rheuma und Krankheiten, über die man nicht sprach, wie etwa Nierenleiden oder chronische Verstopfung. Während des Kriegs wurde das Thermalbad bombardiert. Der größte Teil der Gebäude ist aber zumindest teilweise erhalten. Ein Verein kümmert sich jetzt um die Renovierung. Die Bau-

In der Felsenbucht von Kallithéa

ten des italienischen Architekten Pietro Lombardi haben etwas Orientalisches: Die – zurzeit leider trockene – Quelle, aus der schwefelhaltiges Wasser sprudelte, ist von einem Kuppelbau umgeben. Durch die Fenster und Arkaden fällt warmes Sonnenlicht. Die Palmen rundherum geben einen Schuss Exotik dazu.

Wie der Kurpark in seinen besten Zeiten ausgesehen haben könnte, zeigt der Film »Urlaub auf Rhodos« aus der englischen Krimiserie »Die Abenteuer des Hercule Poirot«. Ein großer Teil des Eifersuchtsdramas mit tödlichem Ausgang wurde 1989 in den Thermen von Kallithéa gedreht. Die Anlagen werden renoviert und sollen in absehbarer Zeit wieder in Betrieb genommen werden.

Kremastí (111/D 2)

Die Attraktion des Dorfs an der Westküste ist die große, der Panagía Kremastí (Hängenden Muttergottes) geweihte Kirche, die von Rhodos-Stadt aus gleich am Ortseingang steht. Ihr Beiname wie auch der Name des Orts gehen auf eine Legende zurück. An einem Olivenbaum, so erzählt man sich, hing eines Tages eine Ikone der Muttergottes, und genau an dieser Stelle hat man ihr eine Kirche gebaut. Die Ikone ist auf jeden Fall sehenswert.

Kremastí (3700 Ew.) ist der einzige Ort auf Rhodos, in dem am Rosenmontag ein Karnevalsumzug veranstaltet wird. Narren in bunten Kostümen – die meisten sind Kinder – ziehen durch das Städtchen. Noch berühmter ist das große Fest der Muttergottes vom 14. bis 23. August. In dieser Zeit finden nicht nur viele Gottesdienste statt, sondern auch eine große Kunsthandwerksausstellung. Die Kirchweih von Kremastí ist das größte Spektakel dieser Art auf dem Dodekanes.

Rodíni-Park (111/E 2)

★ Die grüne Lunge von Rhodos liegt zwischen dem Monte Smith und der Straße nach Líndos. Zwischen Pinien, Platanen und Zypressen fließt ein kleiner Bach mit Wasserfällen und Teichen. Hirsch und Hirschkuh, die rhodischen Wappentiere, und kretische Wildziegen werden in einem Gehege gehalten, auf den Wegen spazieren Pfauen herum. Am schönsten ist der Rodíni-Park natürlich im Frühjahr. Am Rosenmontag kommen viele Familien zum traditionellen Picknick hierher, das die Fastenzeit eröffnet. Oberhalb des Platzes sind auf einem Plateau mehrere in einen Felsen gearbeitete Gräber zu sehen. Griechenlandreisende des 19. Jhs. haben das schönste »Ptolemäergrab« getauft. Die Einheimischen nennen es auch *koúfio vounó,* hohler Berg. *Zu erreichen über die Odós Stéfanou Kasoúli oder mit dem Bus Nr. 3 ab Mandráki*

Sími (117/D 2)

Als überall in Griechenland dem »Fortschritt« zuliebe pittoreske alte Häuser abgerissen und dann durch gesichtslose Betonklötze ersetzt wurden, haben die 2500 Bewohner der Insel Sími stattdessen ihre alten Häuser in Stand gesetzt oder neue gebaut, die zu den anderen passten. Aus dieser klugen Zurückhaltung schlagen sie heute Kapital: Sími gilt als eine der malerischsten Inseln der

Auf der Insel Sími wurden die alten Häuser liebevoll restauriert

Ägäis. Entsprechend beliebt sind die Tagesausflüge zu dem Inselchen, das nach zwei Stunden Bootsfahrt als ein pastelliges Etwas aus dem Meer auftaucht. In der Hochsaison legt zwischen 11 und 15 Uhr ein Boot nach dem anderen an. Attraktionen von Sími sind das große Kloster Panormítis, der ★ obere Teil des Hauptorts, von dem man einen sehr schönen Blick auf den Hafen hat, und der kleine Badestrand Pédi. Wer sich spontan entschließt, in Sími zu übernachten, braucht nur auf seinem Schiff Bescheid zu sagen und kann dann in einem der Hotels und Reisebüros am Hafen nach einem Zimmer fragen. Abends, wenn die Tagestouristen fort sind, wird es idyllisch, und auch eine Wanderung ins Innere lohnt sich. *Tgl. Boote vom Mandráki-Hafen, ohne Vorbuchung; alle Reisebüros organisieren Ausflüge; eine weitere Möglichkeit sind die mehrmals täglich verkehrenden Linienschiffe.*

Soroní **(110/C3)**

Das »rote Dorf« an der Westküste – angeblich wählen über ein Drittel der Bewohner kommunistische Parteien – ist vor allem wegen der Wallfahrtskirche des heiligen Soulás bekannt. Sie liegt etwa 4 km von Soroní entfernt an der Straße nach Eleoússa. Am 30. Juli wird der Namenstag des Schutzheiligen gefeiert – und am Tag davor ein großes Volksfest mit reichlich Essen, Tanz und einem Esel-Wettrennen. Ein Besuch lohnt sich jederzeit wegen der reizvollen Waldlandschaft.

Tílos **(116/B-C 2-3)**

Die Miniinsel (300 Ew.) hat wenige, aber treue Bewunderer, die hier »die Seele baumeln lassen«. Wer Trubel braucht, sollte Tílos meiden! Es gibt kaum Bars und nur eine bescheidene Disko, dafür aber schöne, leere Strände. Hauptsehenswürdigkeiten sind das mittelalterliche Kloster Ágios Panteleímonas, die Kreuzritterburg von Megálo Chorió und das menschenleere Geisterdorf Mikró Chorió, das nur nachts zwischen 0 und 5 Uhr zum Leben erwacht, wenn eine Musikbar unterm Sternenhimmel geöffnet ist. Unterkünfte vermittelt ein Kiosk am Hafen.

Im Zauber mythischer Landschaft

Ein riesiges Freilichtmuseum mittelmeerischer Kultur, dazu Badefreuden an der Ostküste und stille Dörfer im Hinterland

Eine mittelalterliche Burg auf einem Felsen, darunter, an den Berg geschmiegt, schneeweiße niedrige Häuser. Kein Beton, keine Autos. Ein Bild wie aus einer anderen Zeit – und deshalb ist der 950-Seelen-Ort, den die griechische Regierung schon vor Jahren unter Denkmalschutz gestellt hat, eine der ganz großen Attraktionen nicht nur von Rhodos, sondern von ganz Griechenland. Leider, möchte man manchmal sagen und ein großes Schild »Wegen Überfüllung geschlossen« an den Ortseingang stellen. Von April bis Oktober schieben sich die Menschen an den historischen Häusern vorbei, wie man es sonst nur in Kaufhäusern während des Schlussverkaufs sieht.

Kommen Sie mit dem Auto oder Moped aus Richtung Rhodos-Stadt nach Líndos, fahren Sie an der Straßengabelung hinter Kálathos geradeaus weiter, vorbei an den Hotels in der Vlíchabucht und an steinigen Berghängen. Den ersten und zugleich schönsten Blick auf Líndos haben Sie hinter einer Kurve auf dem letzten Stück des Wegs. Es lohnt sich, anzuhalten und die Aussicht auf Burg, Häuser und Strand zu genießen. Meist stehen dort aber schon ein paar Autos oder ein Reisebus, davor ein Pulk fotografierender Menschen. Líndos ist eben schon längst kein Geheimtipp mehr.

Während der Saison haben Sie nur dann eine Chance, einen Parkplatz in Ortsnähe und den einen oder anderen unverstellten Blick auf die Häuser zu erwischen, wenn Sie möglichst früh am Morgen kommen. Zwischen neun und zehn Uhr laden die ersten Reisebusse ihre menschliche Fracht auf der Platía Eleftherías (Freiheitsplatz) ab. Auch Taxis und Linienbusse haben hier ihre Endstation. Danach geht es nur noch zu Fuß oder auf dem Eselsrücken weiter. Die

Die Säulen der Akropolis von Líndos, Zeugen vergangener Pracht

MARCO POLO TIPPS FÜR LINDOS

1 Akropolis von Líndos
Die Postkartensäulen der Insel – mit prächtigen Ausblicken auf das weite Meer (Seite 58)

2 Asklipión
Ein idyllisches Dorf mit Burgruine und freskengeschmückter Kirche (Seite 64)

knatternden dreirädrigen Karren, auf denen das Gepäck der Gäste in die Ferienwohnungen gebracht wird, dürfen als einzige Kraftfahrzeuge durch die mit runden Kieseln gepflasterten Gassen von Líndos fahren.

In den Ortskern von Líndos führt die Odós Akropóleos, die für die Bezeichnung Straße ein gutes Stück zu schmal ausgefallen ist. Reisebüros, Cafés und Souvenirläden säumen die paar Schritte Weg bis zum Esel-und-Muli-Parkplatz auf der rechten Seite. Für umgerechnet fünf Mark, die Sie den Besitzern vor Antritt des Ritts in die Hand zu drücken haben, übernehmen die geduldigen Tiere den Transport von Urlaubern auf den 116 m hohen Burgberg.

Geschiebe hin, Gedränge her: Einmal sollten Sie mindestens durch die verwinkelten Gassen bummeln. Es lohnt sich allein wegen der »Kapitänshäuser«, die während der Türkenherrschaft von wohlhabenden einheimischen Seefahrerfamilien erbaut wurden. Man erkennt sie sofort an dem grauen Naturstein, der in der Gegend um das Dorf Lárdos in besonders großer Menge vorkommt und deshalb auch so heißt.

Auf Badespaß brauchen Sie in der Hafenstadt Líndos natürlich nicht zu verzichten. Unterhalb des Orts liegt eine Bucht mit zwei recht schönen Sandstränden (hier kommen auch die Ausflugsboote von Rhodos-Stadt an) und auf der Rückseite des Burgbergs die fast geschlossene Bucht Ágios Pávlos. Hier soll der Apostel Paulus an Land gegangen sein, um die Bewohner von Líndos zum Christentum zu bekehren. Den ganzen Ort mit den weißen Säulen der Akropolis sieht man unglücklicherweise von der Müllkippe aus am besten. **(115/F 2–3)**

BESICHTIGUNGEN

Akropolis

★ Der Burgberg von Líndos bietet auf engem Raum einen Querschnitt durch die Geschichte der Insel: Aus allen wichtigen Zeitabschnitten sind dort Zeugnisse gefunden worden – vom Feuerstein-Werkzeug aus der Jungsteinzeit bis hin zu der wuchtigen Kreuzritterfestung, hinter deren Mauern alles andere verschwindet. Die antiken Bauten sind erst zu Beginn des 20. Jhs. von dänischen Archäologen wieder ans Tageslicht gebracht worden. Wenn Sie zu Fuß gehen, folgen Sie einfach den Schildern durch den Ort. Nach ungefähr einem Drittel des Wegs kommen

Sie an der Kirche der Muttergottes vorbei. Zu Esel wird man auf einer anderen, etwas längeren Strecke ans Ziel gebracht.

Der Berg steigt von Norden nach Süden stufenweise an, sodass vier Plateaus entstanden sind. Gleich auf dem ersten können Sie eine Verschnaufpause machen und den Blick auf den Strand genießen. Zu sehen sind außerdem die Öffnungen von drei Zisternen, ein Turm aus byzantinischer Zeit und mehrere Säulenbasen mit Inschriften. Sie gehörten zu den Statuen, die vermögende Bürger einst für das Heiligtum der Athena Lindia stifteten. Es gibt einen ziemlich sicheren Hinweis darauf, was aus diesen Statuen geworden ist: Im Jahr 42 ließ der römische Admiral und Politiker Cassius (er war später an der Ermordung Cäsars beteiligt) 3000 Statuen von Rhodos nach Rom schaffen – die meisten kamen aus Líndos.

In den Felsen ist das Relief eines Schiffs eingearbeitet – eine Reverenz der Bewohner von Líndos an einen erfolgreichen General ihrer Stadt, der im 2. Jh. v. Chr. gelebt hat.

Der wohl anstrengendste Teil des Wegs ist die »Besteigung« der Johanniter-Festung. Besonders im Sommer sehnt manch ein müder Wanderer das Ende der steinernen Treppe herbei. Endlich oben angekommen, geht man durch das gewölbte Eingangstor und befindet sich nach ein paar Schritten scheinbar mitten im Altertum: an den Wänden antike Altäre und die Sockel von Denkmälern, draußen eine Mauer und darauf ein paar Säulen – die Reste einer Säulenhalle aus hellenistischer Zeit, die sich mit 87 m Länge über die ganze Akropolis erstreckte.

Die schlanken dorischen Säulen des Athenatempels, das wohl meistfotografierte Motiv auf dem Burgberg, stehen ganz oben, auf dem vierten Plateau. Was erhalten ist, stammt aus dem 4. Jh. v. Chr. Mit rund 22 m Länge und 8 m Breite ist der Tempel relativ klein – aber antike Bauten, die so harmonisch in ihre natürliche Umgebung eingepasst sind, findet man sogar in Griechenland selten. In alle Richtungen ist die Aussicht frei, und ein Blick scheint schöner als der andere: im Süden die Ágios-Pávlos-Bucht mit der kleinen, dem Apostel geweihten Kapelle. Im Norden das Kap der Hafenbucht mit dem Grab des Kleóboulos, einem kleinen Rundmausoleum aus hellenistischer Zeit. Im Osten das Meer. Im Westen, gleich unterhalb des Bergs, die Dächer von Líndos. *April bis Okt. 12.30–18.40 Uhr, Di–So 8–18.40 Uhr, im Winter Di–So 8.30–15 Uhr, Eintritt 1200 Drs.*

Treppe zur Akropolis von Líndos

Kapitänshäuser

Architektonisch eine gelungene Mischung aus arabischen, byzantinischen, ägäischen und den Líndos eigenen Elementen – man sieht, wie weit die Seeleute im 17. Jh. gekommen sind auf ihren Reisen und wie viel Reichtum sie ansammeln konnten, ungehindert oder sogar gefördert von den türkischen Besatzern. Der natürliche Hafen von Líndos, in dem einst die Schiffe der reichen Kapitäne anlegten, ist heute wirtschaftlich bedeutungslos. Nur Yachten und Fischerboote schaukeln vor der Mole.

Der Hof eines Kapitänshauses ist – wie auch viele Kirchenvorplätze – fast immer mit einem *kochláki*-Mosaik aus schwarzen und weißen Kieseln ausgelegt – eine Technik, die sich bis in die Antike zurückverfolgen lässt. Beliebte Motive waren die rhodischen Wappentiere Hirsch und Hirschkuh und geometrische Muster. Gegenüber dem Eingang lag immer die *sála,* der größte Raum des Hauses. Dort schlief die ganze Familie, und dort wurden Gäste empfangen.

Die Wände der *sála* sind mit wertvollen bemalten Keramiktellern geschmückt. Die ältesten sind wohl Mitbringsel der Seeleute aus der Türkei, später sollen auch Töpfer aus Líndos die berühmten »lindischen Teller« hergestellt haben. Sie waren nicht als Essgeschirr, sondern als Wandschmuck gedacht und haben deshalb an der Rückseite eine Art Öse, durch die ein Nagel passt. In moderner Ausführung sind sie heute in jeder Keramikwerkstatt und in den Souvenirläden zu kaufen. Eine ganze Reihe der alten Häuser ist zu besichtigen. Viele werden als Ferienwohnungen vermietet.

Kleóboulos-Grab

Der Rundbau auf der Landzunge im Nordosten der Bucht von Líndos stammt wohl aus hellenistischer Zeit. Er hat einen Durchmesser von 9 m und ist ohne Mörtel aus sorgfältig behauenen Steinen zusammengefügt. Ein schmaler Pfad führt in etwa einer Stunde durch völlig unverbaute Natur dorthin. Er beginnt am Restaurant Palestra am Nordrand des Hauptstrands von Líndos und führt unterwegs auch an einer alten Windmühle vorbei.

Marienkirche

Ein Rundgang durch die Hauptkirche von Líndos lohnt sich vor allem wegen der über achtzig Fresken – eigentlich ist das ganze Gotteshaus eine riesige religiöse Bildergeschichte. Die Kirche liegt mitten im Dorf. Der Fußweg zur Akropolis führt an ihr vorbei. Von oben sieht der Kuppelbau aus wie ein Kreuz. Der Altarraum erscheint im Grundriss als Ausbuchtung über dem Querbalken.

Erbaut wurde die Kirche im 15. Jh. Der Fußboden aus weißen und schwarzen Kieselsteinen zeigt ein einfaches Wellenmuster. Die Fresken schuf ein Maler von der Nachbarinsel Sími um 1799. Die ganze Westwand nimmt eine figurenreiche Darstellung des Jüngsten Gerichts ein. So wird die Gemeinde beim Verlassen der Kirche daran erinnert, mit welchen Wonnen sie für ein gottgefälliges Leben belohnt werden wird und welche Strafen Sünder zu befürchten haben. Die Längswände des Kir-

Der hl. Christophorus in Líndos

chenschiffs sind in vier Register – also Bilderstreifen – unterteilt. Ganz unten sind Heilige zu sehen, darunter auch ein hl. Christophorus mit Hundekopf. In der Reihe darüber wird der Akathist-Hymnus illustriert, ein liturgischer Gesang aus dem 6. Jh. In seinen 24 Strophen wird die Muttergottes verherrlicht.

In der Reihe darüber sind die zwanzig höchsten Kirchenfeste dargestellt. Dazu gehören z. B. die Erweckung des Lazarus von den Toten, Jesu Einzug in Jerusalem, Jesu Kreuzigung und Auferstehung und das Pfingstwunder.

Besonders reizvoll und auch für den Laien leicht zu verstehen sind die Illustrationen der biblischen Schöpfungsgeschichte im obersten Bilderstreifen. Da sieht man, wie Gott die Welt, die Tiere und als ersten Menschen Adam erschafft und wie Eva aus einer Rippe Adams entspringt.

Zur Kirche gehört auch ein kleines Museum, das aber nur bei speziellem Interesse an liturgischen Gewändern oder alten Büchern einen Besuch lohnt.

Theater

Am Fuß des Akropolisfelsens liegt frei zugänglich, was vom Theater der antiken Stadt übrig blieb. 27 steinerne Sitzreihen sind noch zu erkennen. Es wurde im 4. Jh. v. Chr. erbaut und bot etwa zweitausend Zuschauern Platz.

RESTAURANTS

Zumindest das Essen ist in Líndos immer etwas teurer als anderswo – dafür sind die Restaurants stilvoller eingerichtet, und meist schmeckt es dort auch. Den Speisekarten merkt man an, dass Líndos eher eine englische als eine deutsche Urlauberhochburg ist. Originalität ist leider keine Stärke der Gastronomen und Barbesitzer von Líndos. Jedes Jahr folgen beinahe alle irgendeinem Trend: Mal sind Restaurants mit Dachterrasse in, mal kleine Bars mit »original *kochláki*«-Innenhof – und die Wahrscheinlichkeit, dass man sein Stammlokal im nächsten Urlaub wieder findet, ist in Líndos, von einigen quasi »sicheren« Adressen abgesehen, noch geringer als anderswo.

Archontiko

Stilvolles Lokal mit kreativer griechischer und mediterraner Küche in einem alten Kapitänshaus aus dem Jahr 1605. Von den Dachterrassen schöner Blick auf die Akropolis und das Meer.
Odós Apostólou Pávlou, Tel. 319 92, Kategorie 3

Cyprus Tavern Timi's Place

In einem alten lindischen Haus servieren der zypriotische Wirt Efthímios und seine rhodische

Frau drinnen und auf dem Dachgarten griechische und zypriotische Spezialitäten. Die Flagge auf dem Dach erinnert an die türkische Besetzung von 40 Prozent Zyperns – der Inselnorden ist blutrot gefärbt. *Odós Akropóleos, Tel. 315 39, Kategorie 2*

Grill on the Hill

Das relativ neue Restaurant hat bei Einheimischen bereits einen guten Ruf. Es bietet internationale Küche und dazu den Blick über die Bucht von Líndos. *Platía Eleftherías (Ortseingang), Tel. 318 34, Kategorie 2*

Maria's

Unprätentiöse, alteingesessene Taverne im oberen Ortsbereich ohne Ausblick, aber mit sehr guter griechischer Küche. *Odós Apostólou Pávlou, Tel. 313 75, Kategorie 2*

Mavríkos

Hier kann man den Tag stimmungsvoll ausklingen lassen, mit Bus und Taxi im Blick: Das Restaurant liegt direkt am Ortseingang. Die Gasträume erinnern an alte Gewölbe. Man kann aber auch auf einer schönen Terrasse sitzen. Es gibt griechische Fleisch- und Fischspezialitäten wie Lammkoteletts und Schwertfischfilet. *Platía Eleftherías, Tel. 312 32, Kategorie 2*

Symposium

Ein Gourmettempel in einem restaurierten alten Haus mitten im Ort. Serviert wird sehr gute griechische und internationale Küche. Spezialitäten: Steaks und erlesene Meeresfrüchte wie z. B. Hummer, aber auch preiswertere Fleisch- und Fischgerichte. *Odós Apostólou Pávlou, Tel. 312 60, Kategorie 2*

Triton

Wer am Hauptstrand von Líndos Appetit verspürt, braucht nicht weit zu laufen. In der Freilufttaverne gibt es mittags und abends frischen Fisch, aber auch

Allabendliches Vergnügen auf Rhodos: Essen unter freiem Himmel

Fleisch- und Nudelgerichte oder, für den kleinen Hunger, einen Bauernsalat. Am Tresen, der mit einem *kochláki*-Mosaik verziert ist, werden allerlei frisch gepresste Fruchtsäfte und Cocktails serviert. *Tel. 312 22, Kategorie 2*

EINKAUFEN

Überspitzt gesagt ist Líndos in der Sommersaison eine einzige große Einkaufspassage: Modeschmuck, Silberfiligranarbeiten, Keramik, Teppiche, grellbunte T-Shirts, Kleider im Folklorestil – das Angebot ist riesig, und man fragt sich, ob die zahllosen Läden, Lädchen und Buden rechts und links der engen Gassen eigentlich auf ihre Kosten kommen. Seien Sie unbesorgt – an die 10 000 Menschen werden an manchen Tagen durch Líndos geschleust, und fast alle kaufen etwas, sei's auch nur eine Kleinigkeit, weil der Einkaufsbummel in der stimmungsvollen Umgebung einfach so viel Spaß macht. Bei teuren Sachen sollten Sie allerdings überlegen, ob es nicht sinnvoll sein könnte, in Rhodos-Stadt danach Ausschau zu halten – dort ist manches billiger.

Es gibt mehrere Supermärkte. Bei »Lindos« zum Beispiel wandelt man auf Mosaikfußboden an den Regalen vorbei und kann sich auch spätabends noch eine Flasche Wein, Obst oder ein Croissant kaufen.

HOTELS

Es ist zwecklos, die restaurierten alten Häuser vorzustellen, die heute als Ferienwohnungen dienen: Sie sind fest in der Hand von Reiseveranstaltern (hauptsächlich aus Großbritannien) und allenfalls in der Nebensaison für ein paar Tage zu mieten. Das aber lohnt. Nachfragen können Sie bei folgenden Reisebüros im Dorf Líndos: *Pallas Travel, Tel. 314 94, Fax 315 95; Savaidis Travel, Tel. 313 47, Fax 314 51.*

Electra

Pension mit Garten, Terrasse und Gemeinschaftsküche. *11 Zi. mit und ohne Dusche/WC. An der Gasse zum Pállas-Strand, Tel. 312 66, Kategorie 2*

Katholiki

Pension in einem 350 Jahre alten Haus mit schönem Innenhof und Dachterrasse. *Gasse zum Pállas-Strand, Tel. 314 45, Kategorie 3*

Líndos Mare

Terrassenförmig über der Vlíchabucht angelegtes Großhotel mit Süßwasser-Pool, etwa 3 km von der Stadt Líndos entfernt. *123 Zi., Tel. 311 30, Fax 311 31, www.helios.gr/hotels/lindosmare, Kategorie 3*

Líndos Village

Die Hotel- und Bungalowanlage an der Vlíchabucht 5 km nördlich von Líndos sieht von weitem aus wie die Miniaturausgabe eines alten, traditionsreichen Dorfs: weiße Häuschen, an einen Hügel geschmiegt, Bogengänge, zwei kleine Türme – eine Architektur, die das relativ große Hotel in überschaubare Komplexe gliedert. Die Hotelanlage steht unter dem Management der zur Fluggesellschaft LTU gehörenden LTI-Gruppe. Man kann den Aufenthalt zum All-inclusive-Preis buchen, bei dem alle Mahlzeiten und alle lokalen alkoholfreien und alkoholischen

Getränke im Preis inbegriffen sind. *186 Zi., Tel. 32000, Fax 31062, Kategorie 1*

SPIEL UND SPORT

Am Hauptstrand von Líndos können Sie Tretboote mieten. Wasserskifahrer finden am Pallas-Strand hinter dem Anleger der Ausflugsboote eine Verleihstation. Am Vlícha-Strand 4 km nördlich von Líndos gibt es vor den großen Hotels weitere Wassersportstationen, an denen u. a. Wasserskifahren und Paragliding angeboten werden.

AM ABEND

Bis Mitternacht sind die engen Gassen voll Leben, in vielen Souvenirläden wird noch verkauft, aus den zahlreichen Bars tönt Musik. Danach schweigen die Musikboxen, und nur geräuscharme Vergnügungen sind noch gestattet. Die Bewohner von Líndos brauchen ihren Schlaf. Am nächsten Morgen ab acht Uhr geht der Rummel (und das Geldverdienen) wieder los. Wer nach Mitternacht noch tanzen möchte, braucht aber nur ein paar Schritte zu laufen – Richtung Strand nämlich, wo laute Musik niemanden stören kann. Eine andere Möglichkeit, den Abend ausklingen zu lassen, ist ein Mitternachtscocktail, vielleicht sogar in derselben Bar, in der Sie morgens gefrühstückt haben – in Líndos schließen manche Bars nur kurz zwischen drei Uhr früh und acht Uhr morgens. Griechische Livemusik, zu der häufig auch getanzt wird, hört man allabendlich in der Taverne Kyriakos am Pallas Beach.

Akropolis

Haben Sie schon einmal im Freien, unter einer Pergola, zu heißen Rhythmen getanzt? In dieser Disko, die auch bei der Jugend aus Líndos und Umgebung beliebt ist, können Sie es ausprobieren. Sie liegt an der Straße zum Strand, gleich neben einem Restaurant, das ebenfalls Akropolis heißt. Für die nötigen Ruhepausen zwischen den Tänzen stehen Ihnen drei Bars zur Auswahl. *Odós Kleovoúlou, Tel. 31391, Kategorie 2*

Líndos by night

Bar auf drei Etagen, von deren Dachterrasse aus Sie einen besonders schönen Blick über die Dächer des Dorfs, auf die Akropolis und auf das Meer genießen können. *An der gleichen Gasse wie das Postamt, Tel. 31463, Kategorie 2*

ZIELE IN DER UMGEBUNG

Asklipión (Asklipeion) (115/D 3)

★ Das Dörfchen im Inneren der Insel (300 Ew.) wird von den Touristenströmen noch recht wenig berührt. Die »Attraktionen« sind die Ruinen einer Burg der Johanniter-Ritter und die byzantinische Kirche der Entschlafung Mariä *(Kímissi tis Theotókou)*. Von der Burg, die wahrscheinlich aus dem 15. Jh. stammt, hat man einen schönen Blick auf das Dorf. Die Marienkirche wurde im 13. oder 14. Jh. erbaut, später kamen Anbauten dazu. Im 17. Jh. wurde die ganze Kirche mit Fresken ausgemalt, die zum Teil Anfang des 20. Jhs. restauriert wurden. Neben Darstellungen aus dem Leben Jesu Christi und der Muttergottes

Blick ins Innere der byzantinischen Marienkirche

sieht man Szenen aus der Offenbarung des Johannes (Apokalypse), die sonst nur selten zu finden sind. Dargestellt sind hier zum Beispiel die »Sieben apokalyptischen Reiter« und der aus der Tiefe der Erde aufsteigende Antichrist. Besonders prächtig ist die Ikonostase.

In der Nähe der Kirche lohnen zwei kleine Museen den Besuch: einmal das Sakralmuseum mit Ikonen und alten Evangeliaren, zum anderen das Volkskundliche Museum mit einer interessanten Sammlung landwirtschaftlicher Geräte *(beide tgl. 9–17 Uhr, Eintritt 300 Drs.)*

Wer nachts einmal die Ruhe eines Bergdorfs genießen möchte, der kann in Asklipión auch übernachten. Über der Taverne Agapitos oberhalb der Kirche werden fünf einfache, aber sehr saubere Zimmer zu einem günstigen Preis vermietet, die sich gut für eine Zwischenübernachtung eignen *(Tel. 472 55, Kategorie 3).*

Gennádi(on) **(115/D 4)**
Kurz vor Gennádi endet vorläufig noch die boomende Hotelbebauung der Ostküste. Der Ort ist noch halbwegs ursprünglich, bietet aber dennoch etliche Tavernen und Bars. Hier kann man auch in drei modernisierten traditionellen Bauernhäusern wohnen *(Vermittlung: H. Räth/H. Rosenhagen, Beim Grafeneckhardt 10, 97070 Würzburg, Tel. 0931/ 132 93, Fax 57 30 12).*

Glístra-Strand **(115/E 3)**
Der von der Küstenstraße aus gut zu sehende Sandstrand zwischen Lárdos und Kiotári hat die Form einer Sichel und ist noch völlig unverbaut.

Ipsenís **(115/E 2)**
Eins gleich vorweg: Das kleine weiße Kloster westlich von Lárdos ist keine Sehenswürdigkeit. Es wurde im 19. Jh. gegründet, der Glockenturm stammt aus den 60er-Jahren des 20. Jhs. Der Ausflug lohnt sich aber schon

wegen des Wegs dorthin, der durch Olivenhaine und Kiefernwälder führt. Die Nonnen sind gastfreundlich, die Umgebung des Klosters strahlt tiefen Frieden aus. Besonders intensiv genießen kann man ihn, wenn man den Pilgerweg mit den Kreuzwegstationen auf den kleinen Hügel neben dem Kloster hinaufsteigt.

Zum Kloster gehört außerdem ein Kinderheim, in dem die Nonnen Kinder aus osteuropäischen Ländern betreuen, die hier auf Einladung der orthodoxen Kirche ihre Ferien verbringen dürfen. Ein großes Fest wird alljährlich am 23. August beim Kloster gefeiert. Dann strömen hier bis zu fünftausend Menschen zusammen. *Tgl. 8–12.30 und 16–18.30 Uhr*

Kiotári **(115/D 3)**

Man fährt auf der Küstenstraße nach Süden, erreicht ca. 5,5 km nach der Abzweigung zur Ágios-Vassílios-Kirche eine Kreuzung und fährt links herum die kleinere Straße zu dem Fischerdorf mit seinem schönen, langen Kieselstrand. Vor einigen Jahren war es hier noch fast paradiesisch ruhig. Damit ist es vorbei, seit auf dem Küstenabschnitt zwischen Lárdos und Kiotári einige große Hotels gebaut wurden. In der Dorfkirche von Kiotári, die der Verklärung Christi *(Metamorphosis)* geweiht ist, wird jedes Jahr am 6. August ein großer Gottesdienst gefeiert.

Attraktiv für Wassersportler ist das *Kiotari-Wassersportcenter* am Hotel Rodos Maris *(Tel. 470 00)*. Es bietet Surfkurse und Segelkurse mit DART-18-Katamaranen sowie ein umfangreiches Wasserski-Schulungsprogramm bis hin zu Knee- und Wakeboards an.

Lachaniá **(114/C 5)**

Das kleine, strandnahe Dorf ist als einziges an der Westküste noch nicht vom Massentourismus erfasst worden. Mehrere seiner alten Häuser wurden von ständig hier lebenden Ausländern sehr einfühlsam restauriert, sodass die alte Dorfatmosphäre bestens erhalten blieb. Individualisten können hier in Privatzimmern und historischen Dorfhäusern wohnen. Auskunft darüber geben der Bürgermeister, dem die Taverne Horizon *(Tel. 460 33)* an der Hauptstraße gehört, und der Dorfpriester, der Inhaber der gegenüberliegenden Taverne Acropol chez Chrissis *(Tel. 460 32)* ist. Eine der besten Inseltavernen liegt am Kirchplatz am unteren Dorfrand: die Taverne Plátanos *(Tel. 460 27, Kategorie 3)*.

Láerma **(115/D 1)**

Das Dorf (650 Ew.) liegt fast genau in der Mitte der Insel zwischen Wäldern, Olivenhainen und Getreidefeldern. Sämtliche Dörfer in der Umgebung sind mindestens 11 km weit entfernt. Wegen des nahen Klosters Thári fahren täglich einige Dutzend Urlauber durch den Ort. Es lohnt sich aber auch, hier zu halten und im *Bella Vista Grill House* direkt an der Hauptstraße einen Kaffee oder einen sehr guten rhodischen Tresterschnaps, der *zoúma* genannt wird, zu probieren. Meist setzt sich der gastfreundliche Wirt Stérgos oder sein Sohn Geórgios zu den seltenen Gästen und erzählt von

Vassílis, dem zweiten Sohn, der inzwischen schon seit über dreißig Jahren in Friedrichshafen am Bodensee lebt.

Láerma ist ein »typisch griechisches« Dorf: Hier gibt es keine Souvenirläden für die Touristen – sie kommen ja sowieso nur selten. Hier gibt es auch keine Tavernen mit »traditional Greek food« – hier gibt es nur ein paar Kafenía, in denen man auch eine Kleinigkeit zu essen bestellen kann. In Richtung Asklipión liegt eine schöne Wanderstrecke (etwa 11 km), die durch nahezu unberührte Landschaften führt.

Lárdos **(115/E 2)**

In dieser Gegend kommt der inseltypische schwarze Granitstein besonders häufig vor. Deshalb heißt er genauso wie das kleine, sehr grüne und noch relativ intakte Dorf. Erst in den letzten Jahren sind hier Apartmenthäuser und kleine Hotels gebaut worden. Jetzt entstehen an den nahen Stränden auch Großhotels. In Lárdos werden sich Urlauber wohl fühlen, die als Gäste den griechischen Dorfalltag miterleben möchten – und nicht in erster Linie an Shopping interessiert sind. Um den Dorfplatz liegen Kafenía und Tavernen mit einfacher, guter Küche. Lárdos liegt etwa 2,5 km von zwei schönen Stränden entfernt. Übernachten kann man im Ort z. B. in dem einfachen Hotel *Fédra (11 Zi., Tel. 44218, Kategorie 2)*.

Plimmíri **(114/C 5)**

Der winzige Weiler ist der Hafen des Dorfs Lachaniá. Von hier erstreckt sich ein mehr als 1 km langer, meist menschenleerer Kiesstrand Richtung Süden. Eine Taverne nimmt heute einen Teil eines sehr einfachen, 1837 gegründeten Klosters ein. Für den Bau seiner gut erhaltenen Kirche wurden viele Teile einer großen frühchristlichen Basilika wieder verwendet. Außerdem nutzte man zum Kirchenbau auch Kapitelle antiker Säulen, die man in unmittelbarer Umgebung fand. Sie belegen, dass es an dieser Stelle im Altertum eine kleine Stadt gegeben haben muss.

Thári-Kloster **(115/D 2)**

Das erst seit Anfang der 1990er-Jahre wieder von Mönchen bewohnte Kloster in einem Waldgebiet bei Láerma ist zum Zentrum der Wiederbelebung des monastischen Gedankens auf Rhodos geworden. Sein Abt, früher als Missionar in Kenia tätig, gilt insgeheim als Kandidat für das höchste Kirchenamt der Orthodoxie, das Patriarchat in Konstantinopel. Das Kloster gestaltet eigene Rundfunk- und Fernsehsendungen, betreut in seinen Ferienheimen Kinder aus aller Welt und entsendet sonntags Priester in Dorfkirchen, in denen sonst kein Gottesdienst mehr stattfinden würde.

Von den über zwanzig Fresken in der Kirche stammen einige aus dem frühen 14. Jh. Sie zeigen Heilige und Kirchenväter sowie Szenen aus dem Leben der Muttergottes und Christi, darunter zum Beispiel die Heilung des Blinden, des Lahmen und der Aussätzigen sowie das Abendmahl. Die Christusdarstellung im Altarraum ist in der orthodoxen Kirche selten: Christus wird thronend, als Weltbeherrscher dargestellt. Der viereckige Rahmen, der das Weltall symbolisiert, wird – auch das ist eine Seltenheit – von den vier Symbolen für die Evangelisten gehalten: Der Engel steht für Matthäus, der Adler für Johannes, der Löwe für Markus und der Stier für Lukas.

PÉFKI

(115/F3) Noch in den 1970er-Jahren gab es hier nur ein paar Sommerhäuser. Erst durch den Tourismus ist ein Dorf entstanden, das allerdings nur während der Saison lebendig ist. Péfki ist geeignet für einen Badeurlaub und als Standort für Ausflüge. Die größten Attraktionen sind der lange Sandstrand und die vielen kleinen Badebuchten. Rechts und links der relativ wenig befahrenen Straße von Líndos nach Lárdos entstehen immer mehr Apartmenthäuser, Hotels, Geschäfte, Restaurants und Snackbars. Die Einkaufszone ist noch nicht attraktiv genug für einen längeren Bummel, aber das Nachtleben macht sich langsam: So überbieten sich zum Beispiel die verschiedenen Hotels mit allen möglichen Partys, griechischen Abenden und *karaoke nights,* bei denen auch Gäste von außerhalb willkommen sind. Für Kontakte mit Einheimischen, die weder Kellner noch Souvenirverkäufer sind, bietet sich Péfki leider kaum an.

RESTAURANTS

Greek House
Ein reiner Familienbetrieb, der nicht weit vom Péfka-Strand entfernt liegt. Wirtin Fédra kocht selbst: gefüllten *chtapódi* (Krake), gehaltvollen *moussaká* (Nudelauflauf mit Auberginen und Hackfleisch), Lamm im Backofen mit duftender Knoblauchsoße. *Tel. 443 17, Kategorie 2*

Tsambíkos
Das Restaurant ist schon von weither zu sehen, denn es liegt

Hier zwischen Líndos und Péfki soll der Apostel Paulus gelandet sein

mitten im Ort auf einem Hügel, hoch über allen Konkurrenten, die sich an der Straße und am Strand drängeln. Die Küche bietet Griechisches und Internationale Spezialitäten von gefüllten Tomaten bis zum Filet Mignon, und das in dermaßen guter Qualität, dass im Sommer auf der großen Terrasse oft kaum noch ein Platz zu bekommen ist. Zum Essen wird eine reiche Auswahl griechischer Weine angeboten – und gratis dazu erhalten Sie einen weiten Blick über die Dächer von Péfki, das im Mondlicht geradezu verträumt wirkt. *Tel. 482 40, Kategorie 2*

HOTELS

Illission
Der lang gestreckte dreistöckige Neubau liegt, wenn man aus Líndos kommt, am Ende des Orts etwas von der Straße zurückversetzt. Zum sauberen Strand, der an manchen Stellen allerdings steinig ist, sind es nur ein paar Schritte. In dem 1991 eröffneten Haus geht es trotz seiner Größe familiär zu. Abends sitzen die Besitzer Kóstas und Katerína Kóntos gern mit den Gästen an der Bar oder auf der Terrasse zusammen. Kóstas arbeitet vormittags immer noch als Lehrer (Griechisch, Geschichte) an einer Mittelschule in Rhodos-Stadt. Zur Auswahl stehen hier modern ausgestattete Zimmer, Miniapartments und Suiten, fast alle mit Balkon oder Terrasse und Meerblick. Es gibt eine Snackbar, ein Restaurant, einen Tennis- und einen Minigolfplatz sowie einen Swimmingpool mit Kinderplanschbecken. *70 Zi., Tel. 481 50, Fax 481 48, Kategorie 2*

Sunrise
Das 1998 eröffnete Hotel liegt direkt oberhalb eines kleinen, flach abfallenden Strandes. Es bietet seinen Gästen 62 in der Hauptsaison klimatisierte Zimmer und Apartments, die mit Kühlschrank und Fernsehgerät ausgestattet sind, ist aber nur mit Halbpension buchbar. Im schönen Garten gibt es einen Swimmingpool mit Kinderbecken und Poolbar. Ein Teil des Restaurants ist für Nichtraucher reserviert. Zur weiteren Ausstattung gehören noch ein Tennisplatz und ein kleiner Supermarkt. *An der Uferstraße, Tel. 483 11, Fax 483 45, Kategorie 1*

SPIEL UND SPORT

Radfahren
Überall werden gute Fahrräder vermietet – genau das Richtige für die weiten Wege in dem lang gestreckten Ort oder auch für einen Ausflug nach Líndos.

Wassersport
Surfboards gibt es zum Beispiel im St. George Club. Das Hotel liegt, von Lárdos aus gesehen, am Ortseingang. Die Sportanlagen (Tennis u. a.) stehen allen offen. *Tel. 442 03 und 442 34*

AM ABEND

Sail Inn Cocktail Bar
Von der Terrasse hat man einen schönen Blick auf Péfki. Es gibt auch einen klimatisierten Innenraum. Serviert werden Getränke und Snacks. Einmal wöchentlich laden die Inhaber zu einer griechischen Nacht mit Tanz zum Mitmachen. *Im Ortszentrum, Tel. 442 48*

Berge, Täler und Küsten

Blaue Buchten und weißer Marmor, steile Festungen und einsame Klöster – viele Wege führen zu versteckten Schönheiten

»Welcome to the island of the sun«, grüßt ein Schild am Ankunftsgebäude des Flughafens, der so hässlich ist wie wohl die meisten auf der Welt. Die Maschinen starten und landen im Minutentakt, vor der Zollkontrolle stehen bleiche Gestalten Schlange, draußen sucht ein Knäuel Braungebrannter nach dem Schild »Departures«. Es ist Hochsaison. Weiter im Reisebus Richtung Rhodos-Stadt, vorbei an wenig attraktiven Stränden und Großhotels.

So erleben viele ihre erste Begegnung mit Rhodos. Zum Glück hält die Insel mehr, als dieses Bild verspricht. Wer sie kennt, kennt viele der Gesichter Griechenlands: das graue, gehetzte der modernen Großstadt, laut, hektisch, aber auch unbekümmert; das karge, von der Sonne ausgebrannte Profil der sommerlichen Landschaft; majestätische Wälder; kühle Quellentäler voll fröhlicher Stimmen; Boote im Hafen, leise schaukelnd, und auf der Mole die Fischer beim Netzeflicken; lärmige Strände; antiken Marmor unter glühender Sonne, dazu das Konzert der Zikaden; Kirchlein, versteckt zwischen Zypressen, weiß gekalkte Häuser in engen Gassen, auf den Stufen davor Frauen beim Plausch, ein Häkelzeug in der Hand.

Teil des reichen byzantinischen Erbes: die Kirche Ágios Nikólaos Fountouklí

Wenn Sie wollen, können Sie innerhalb eines einzigen Tages in all diese Gesichter sehen. Allerdings sollten Sie sich mehr Zeit nehmen. Ungefähr 220 km lang ist die Fahrt einmal rund um die Insel. Sanft gewellt ist die Landschaft im Norden, grün, einladend. An der Ostküste reihen sich lange Sandstrände aneinander, dazwischen gibt es kleine, von Bäumen umstandene Buchten. Dort liegt die Bade- und Freizeitstadt Faliráki.

Die Westküste ist im Gegensatz dazu noch fast unberührt. Dort sind die Strände meist kürzer und steiniger, die Winde heftiger, die Küsten steiler abfallend. Die Westküste ist für Individualisten und wird mit Sicherheit noch lange die »arme

MARCO POLO TIPPS FÜR DIE INSELRUNDFAHRT

1 Alimniá
Mehr Ziegen als Einwohner – auf Rhodos gibt es noch einsame Strände (Seite 86)

2 Hochzeit in Archángelos
Griechische Gastfreundschaft und Lebensfreude live miterleben (Seite 80)

3 Kámiros
Das rhodische Pompeji bietet schönste Aussichten auf Land und Meer, interessante Einsichten in das Stadtleben vor zweitausend Jahren und Fischspezialitäten in Kámiros Skála (Seite 85)

Schwester« der Ostküste bleiben. Hier liegen die Ruinen der Stadt Kámiros, und die westliche Hälfte der Insel kann die drei höchsten Berge für sich reklamieren, den Profítis Ilías (798 m), den Akramítis (825 m) und den Atáviros (1215 m).

Nach Süden hin wird die Insel karger und rauer, wie es typisch ist für die Ägäis. Im Sommer dominieren staubige Erdfarben, hartes, weißliches Licht, schwarze Schatten. Eine Landschaft, die fasziniert, aber nur wenige zum Bleiben verlockt. So ist das Dreieck Gennádi – Kataviá – Apolakkiá fast noch touristisches Neuland.

Wie mit dem Pinsel hingetupft liegen überall Klöster, Kirchen und Kapellen. Orte, die selten überlaufen sind. Oft ist man allein mit den ernsten Gesichtern der Heiligen auf den Ikonen. Brennende Öllämpchen, Kerzen in flachen Behältern mit Sand, Stille. Oder, aus byzantinischer Zeit, bräunliche Steinmauern, Bogengänge und Reste einfacher Zellen. Auch wenn Rhodos kein weißer Fleck auf der Landkarte mehr ist: Es lohnt sich, die Insel zu erforschen.

AFÁNTOU

(111/E4) Der Name kommt von *áfanton* für: unsichtbar. Tatsächlich ist das Dorf vom Meer aus nicht zu sehen. Das hat natürlich seinen historischen Grund: Die antike Siedlung an der Küste wurde im 7. Jh. von sarazenischen Piraten zerstört. Um vor solchen Überfällen in Zukunft sicher zu sein, bauten sich die überlebenden Bewohner ein Stück landeinwärts neue Häuser.

Das »unsichtbare Dorf« ist auf den ersten Blick reichlich unscheinbar und daher auch nicht überlaufen. Statt touristischen Einerleis erlebt man hier noch ein Stück vom ländlichen Alltag. Zu Deutschland hat der Ort Afántou eine ganz besondere Beziehung: In den 1960er-Jahren zog eine Hand voll Menschen aus Afántou in die nordrhein-westfälische Industriestadt Gummersbach. Heute sollen es mindestens tausend Männer und Frauen aus Afántou sein, die dort wohnen – Grund genug für eine Städtepartnerschaft seit 1989 und einen Gummersbach-Platz im Dorf. Afántous 5350 Einwohner leben vorwiegend vom Keramik- und Teppichverkauf.

Übrigens: Nicht alles, was den Zusatz Afántou im Namen trägt, liegt auch direkt im Ort. Allerdings sind die Wege nicht so lang, dass sie zu Fuß nicht zu schaffen wären. Rhodos-Stadt und Faliráki sind von Afántou aus per Linienbus zu erreichen.

MUSEUM

»Museum« ist vielleicht ein bisschen zu viel gesagt für die Ausstellung sakraler Gegenstände und weltlichen Kunstgewerbes aus byzantinischer Zeit direkt an der Kirche. *Tgl. 9–12 und 15–17 Uhr, Eintritt 300 Drs.*

RESTAURANTS

Im Dorf gibt es mehrere einfache Tavernen und Imbissstuben, außerdem Cafeterias, in denen sich auch die Jugendlichen treffen, und ein paar traditionelle Kafenía.

Golfer

Esslokal und Café, das gegenüber dem Golfplatz an der Hauptstraße liegt. Hier gibt es gute griechische Küche. *Tel. 518 61, Kategorie 2*

EINKAUFEN

Ancient Art

Die Keramikwerkstatt hat sich auf Vasen und Teller spezialisiert, die in antikem Stil bemalt sind. Es gibt aber auch Gebrauchsgeschirr und die traditionellen rhodischen Wandteller in vielen verschiedenen Ausführungen. Ein alter Töpfer zeigt die Arbeit an einer fußbetriebenen Drehscheibe – schade nur, dass er das fertige Stück sofort wieder zerknetet, um für die nächste Vorführung einen Klumpen zu formen. *An der Küstenstraße Richtung Lindos, Tel. 514 86 oder 517 85*

HOTELS

Oásis

Hotel- und Bungalowanlage, die etwas versteckt zwischen Schatten spendenden Bäumen liegt – allerdings fast 1 km vom Afántou-Kieselstrand entfernt. Dafür gibt es einen Swimmingpool, um den sich die Tische und Stühle des Cafés gruppieren. Zur Auswahl stehen Apartments für zwei bis vier Personen, Reihenbungalows und Doppelzimmer im Hoteltrakt. Ein Spielplatz ist auch dabei. Die »Oase« ist ideal für Familien mit kleineren Kindern und, wegen der etwas abgeschiedenen Lage (nach Afántou muss man 15 Minuten über einen Feldweg gehen), für Rhodos-Urlauber, die vor allem Ruhe und Erholung suchen. Viele deutsche Gäste. *Etwas zurückversetzt an der Küstenstraße, 37 Zi., Tel. 517 71, Fax 517 70, www.rodosnet.gr/antonios/index.html, Kategorie 2*

Philoxénia

Der schöne griechische Name des Apartmenthauses bedeutet Gastfreundschaft. Die sechs einfachen Studios für je zwei Personen liegen in einer ruhigen Seitengasse. Sie bestehen aus einem Wohn- und Schlafraum mit integrierter Kochecke sowie Dusche und WC. Einmal pro Woche frische Wäsche und zweimal in der Woche Saubermachen sind im Preis inbegriffen. Der Afántoustrand ist rund 2 km entfernt. *Tel. 510 83, kein Fax, Kategorie 3*

SPIEL UND SPORT

Der kilometerlange Kieselstrand von Afántou, die sanft abfallende Küste und das klare Wasser garantieren für Erwachsene wie Kinder ungetrübten Badespaß. Organisierten Wassersport gibt es, abgesehen von einem Tretbootverleih, wenig.

Rhodos' einziger Golfplatz (18 Löcher) liegt östlich der Küstenstraße, die Zufahrt ist gut ausgeschildert, Gäste sind willkommen. *Tel. 514 51*

ZIELE IN DER UMGEBUNG

Agía Triáda (111/D 4)
Die der Heiligen Dreieinigkeit geweihte einschiffige, tonnengewölbte Kirche bei Psínthos stammt aus dem 14. Jh. Die etwa zwanzig restaurierten Fresken zeigen zum großen Teil Szenen aus dem Leben Christi. Schon in der Antike hat hier ein Heiligtum gestanden, an dessen Stelle später eine frühchristliche Kirche trat. Teile dieser Gebäude haben die Baumeister der Agía Triáda wieder verwendet, wie es damals üblich war.

Katholikí Afántou (111/E 4)
Viele Jahrhunderte lang wurde an der kleinen Kirche gebaut. Ein Besuch lohnt sich vor allem wegen der Fresken – auch wenn Kunsthistoriker sie als nicht besonders wertvoll beurteilen. Um zur Kirche zu kommen, müssen Sie, von Rhodos-Stadt

Kleiner Wasserfall beim Petaloúdes

aus gesehen, am Ort vorbeifahren. Kurz hinter dem Hinweisschild »Afantou Golf« folgt auf der linken Seite ein Wegweiser »Afantou Beach«. Dort biegen sie ab. Die Kirche liegt links am Weg zum Strand.

Petaloúdes (Schmetterlingstal) (110/C 3)
Früher schwirrten im Juli und August hunderttausende von Schmetterlingen (griechisch *petaloúdes)* in dem 5 km langen Tal herum. Angelockt hat sie wohl hauptsächlich der Duft der Amberbäume, die es sonst nur in Kleinasien gibt. Dass die orangeschwarzen »Spanischen Flaggen« (wissenschaftlicher Name *Callimorpha quadripunctaria)* in manchen Jahren gar nicht mehr kommen, hat leider einen ganz bestimmten Grund: er liegt in den Busladungen voll händeklatschender und laut rufender Touristen. Zum Schutz der Schmetterlinge ist das Tal inzwischen wenigstens nur noch auf einer Länge von 1 km begehbar.

Anderswo auf Rhodos gibt es angeblich noch große Schmetterlingsschwärme – Genaueres sagt zum Glück kein Fremdenführer. Ein Ausflug in das Tal lohnt sich aber in jedem Fall. Der Bach, der das ganze Jahr über Wasser führt, macht diesen Fleck Erde zu einem kleinen Paradies. Auch im Hochsommer geht man durch üppiges Grün, und es weht immer ein kühles Lüftchen. *Zugänglich tgl. 9–17 Uhr, Eintritt 600 Drs.*

Psínthos **(111/D 4)**
Ein grünes und auch heute noch sehr »griechisches« Dorf. Für die Rhodier ist Psínthos ein geschichtsträchtiger Ort: Hier siegten 1912 die Italiener über die Türken und brachten Rhodos unter ihre Gewalt. Es dauerte dann noch über dreißig Jahre, bis die Insel griechisch wurde.

In den Tavernen am Dorfplatz kann man gut essen. Es gibt auch Privatzimmer. Die Umgebung eignet sich zum Wandern und für Radtouren. Es gibt sehenswerte kleine Kirchen, vor allem in der Umgebung von Maritsá.

APOLAKKIÁ

(114/B 3) Die Küste zwischen Apolakkiá und Kattaviá ist ein Stück wilde Landschaft: lange, oft leere Sandstrände, Dünen, niedriges Gestrüpp auf steinigem Boden, nirgendwo ein Dorf, das zu einer Rast einlädt – hier ist fast noch touristisches Niemandsland: der richtige Ausflug für Menschen, die mit Meer und Landschaft allein sein wollen und gern auf Komfort verzichten.

Das (nach griechischen Maßstäben) relativ große Bergdorf Apolakkiá (600 Ew.) wird erst in den letzten Jahren vom Massentourismus entdeckt. Der Alltag geht hier noch seinen beschaulichen Gang. Die Menschen bestreiten ihren Lebensunterhalt überwiegend aus dem Anbau von Getreide sowie von Wasser- und Honigmelonen. Die wenigen Besucher, die ihren ganzen Urlaub hier, im Süden der Insel, verbringen, sind meist Stammgäste und wohnen schon seit Jahren bei demselben Wirt in demselben einfachen Privatzimmer. Wohl fühlt sich, wer keinen Badeluxus (der steinige Strand ist 3 km entfernt) vor der Haustür braucht, aber auf das Zusammensein mit Einheimischen Wert legt. Es gibt mehrere kleine Tavernen mit einfachen griechischen Gerichten.

BESICHTIGUNG

Ágios Geórgios o Wárdas
Das einschiffige Kirchlein liegt rund 4 km nördlich von Apolakkiá auf einer Lichtung. Sie folgen der Straße Richtung Gennádi bis zum Ortsende und fahren dort gleich beim ersten Wegweiser mit der Aufschrift »Dam« nach links (der Weg führt zu einem Staudamm). Nach etwa 2 km überqueren Sie eine Brücke, und kurz darauf zweigen Sie in einen Feldweg nach links ab. 300 m weiter halten Sie sich vor einer weiteren Brücke scharf rechts und biegen nach weiteren 200 m in einen Feldweg nach links oben ab. Ab da sind es nur noch knapp 100 m, bis die Kapelle rechts vor Ihnen liegt. Die Strecke ist auch als Wanderung zu empfehlen, besonders im Frühjahr, wenn die Insel grün ist.

Die Fresken in der Kirche sind mit die ältesten auf Rhodos, sie stammen, wie der Bau selbst, aus dem späten 13. Jh. Zu sehen sind Szenen aus dem Leben Christi, außerdem die Muttergottes und mehrere Heilige, darunter natürlich der heilige Georg, dem die Kirche geweiht ist.

HOTEL

Amalia
Ideal für motorisierte Urlauber, die ein Hotel in ländlicher Umgebung suchen. Alle 18 Zi. haben Balkon, sogar ein kleiner Pool ist vorhanden. *Am Dorfplatz, Tel. 613 65, Fax 613 77, Kategorie 3*

ZIELE IN DER UMGEBUNG

Atáviros (113/F 3)
Wer Rhodos' höchsten Berg (1215 m) besteigt, wird mit ganz wunderbaren Ausblicken auf die gesamte Insel belohnt, und bei gutem Wetter soll man am Horizont sogar Kreta erkennen können. Der Aufstieg vom Bergdorf Émbonas dauert rund vier Stunden inkl. Pausen. Man muss Wanderkleidung tragen (lange Hosen, Stiefel, Sonnenhut) und Verpflegung mitnehmen – Trinkwasser nicht vergessen! Markierungen gibt es nicht. Auf keinen Fall allein gehen! Es sollen schon mehrmals Bergwanderer verunglückt sein. An bewölkten Tagen ist der Aufstieg zu gefährlich, weil weiter oben dann dichter Nebel ist. Am schönsten ist die Tour im Frühling, wenn die Wiesen blühen.

Émbonas (113/F 3)
Das Dorf an den Hängen des Atáviros gehört zum Standardprogramm auf den Inselrundfahrten und ist ein überaus beliebtes Ziel für die organisierten griechischen Abende, lohnt den Besuch aber kaum, da der alte Ortskern vor lauter unschönen Neubauten kaum noch zu erkennen ist. Einen Stopp wert ist bestenfalls die moderne Kellerei Emery *(am Ortseingang, Mo bis Fr 9–15.20, in der Hochsaison tgl. 9–16.30 Uhr),* in der man Wein verkosten kann – allerdings recht stillos im Stehen.

Kattaviá (114/B 5)
Das südlichste Dorf der Insel liegt in einer weiten, im Hochsommer steppenhaft wirkenden Ebene, in der die Italiener im Zweiten Weltkrieg einen Feldflughafen angelegt hatten und in der heute wieder vor allem Getreide und Melonen angebaut werden. Die Atmosphäre in dem verschlafenen Dorf erscheint schon fast nordafrikanisch. Die Tavernen am schattigen Dorfplatz leben fast nur von Urlaubern auf der Inselrundfahrt. Die Mariä Entschlafung geweihte Kreuzkuppelkirche auf dem Dorffriedhof birgt zwar Fresken aus dem 16. bis 19. Jh., ist jedoch meist verschlossen. Unterkunft bietet das kleine Hotel Prassoníssi Club *(17 Zi., Tel. 912 31, Kategorie 1).* Als beste Taverne zu empfehlen ist *I Kattaviá (Tel. 912 85, Kategorie 3).*

Mesanagrós (114/B 4)
Hier müssen die Uhren irgendwann kurz nach dem Ende des Zweiten Weltkriegs stehen geblieben sein. Die rund sechzig Bewohner des Dorfs in den Koukoúliari-Bergen leben noch in den traditionellen Ein-Zimmer-

Häusern. In den steilen Gassen passen höchstens zwei bepackte Esel nebeneinander. Sollten Sie mit dem Auto unterwegs sein, lassen Sie es am besten gleich am Ortseingang stehen.

Junge Menschen sind hier kaum noch zu sehen, die meisten sind nach Rhodos-Stadt oder in eines der aufstrebenden Ferienparadiese an der Ostküste gezogen. Geblieben sind die Alten, und die freuen sich über jeden, der ein bisschen Zeit mitbringt und sich zu einem Plausch bei einem Tässchen *métrio* ins Kafeníon setzt. Die Dorfkirche von Mesanagrós ist Mariä Entschlafung *(Kímissi tis Theotóku)* geweiht und steht auf den Ruinen eines Gotteshauses aus frühchristlicher Zeit. Man kann die Reste antiker Säulen noch gut erkennen. Die Fresken sind allerdings nur schlecht erhalten. Nur noch zweimal im Jahr findet ein Gottesdienst statt – am 15. und 23. August, wenn Mariä Entschlafung gefeiert wird. Falls Sie die Kirche besichtigen möchten – den Schlüssel gibt's im Kafeníon.

Einziges »Restaurant« des Dorfs ist das *Café O Mike* *(Kategorie 3)*. Zur Auswahl stehen einfache Gerichte wie Spiegeleier oder Bauernsalat. Wer sich spontan entschließt, in Mesanagrós zu übernachten, kann hier nach einem Privatzimmer fragen.

Etwa 3,5 km südlich des Dorfs, an der Straße nach Lachaniá, liegt das Kirchlein des Ágios Thomás. Sein großer Festtag ist der »Thomas-Sonntag«, der auf den Ostersonntag folgt. Am Tag davor wird unter den alten Zypressen vor der Kirche ein viel besuchtes Volksfest gefeiert.

Monólithos **(114/A 2)**

Wie ein riesenhafter steinerner Finger steht der 240 m hohe »Einzelne Felsen« (so die Übersetzung des Namens) in der Landschaft. Auf dem Plateau hatten die Johanniter, vermutlich im 15. Jh., eine Burg *(ständig frei zugänglich)* gebaut. Erhalten geblieben sind nur die Mauern, eine dem heiligen Georg geweihte, heute weiß gekalkte Kapelle und ein paar Gebäudereste. Der Aufstieg führt über schmale steinerne Treppenstufen. Sie kommen am besten kurz vor Sonnenuntergang und genießen den Blick

Monólithos, ein heroischer Fels in der weiten Landschaft

über das Meer. Zu sehen sind im Süden Kap Foúrni, im Nordwesten Kap Armenistís und, weit im Meer, die Insel Chálki.

Das Dorf Monólithos, das rund 2 km entfernt liegt, ist genau wie Afántou »unsichtbar«, das heißt, vom Meer aus nicht zu sehen. Auf diese Weise haben sich die Bewohner in früherer Zeit vor Piratenüberfällen geschützt. Heute stirbt der Ort vor sich hin. Nur noch rund fünfhundert zumeist alte Menschen wohnen dort. 1990 musste die Schule schließen. Die Strände, kleine Buchten zwischen Klippen, sind zu Fuß, per Moped oder seit neuestem auch auf einer asphaltierten Straße direkt bis zum Strand zu erreichen – und trotzdem immer noch wenig besucht.

Prassoníssi (114/A–B 6)

Prassoníssi ist eigentlich nur der Name einer kleinen, unbewohnten Insel vor der Südspitze von Rhodos. Inzwischen überträgt man deren Namen aber auch auf den mehrere hundert Meter breiten und einige Kilometer langen Sandstrand an der Südspitze selbst. Da er sowohl nach Westen als auch nach Osten hin ausgerichtet ist, bietet er Windsurfern ideale Voraussetzungen. Die meisten bringen Boards mit, obwohl es seit 1999 hier auch eine Surfschule gibt. Wer kein freies Zimmer findet, campiert wild in den Dünen. Die Abfälle der Strandbesucher, angeschwemmtes Strandgut sowie Teerklumpen machen Prassoníssi allerdings trotz seiner landschaftlichen Schönheit nicht gerade zu einem Badeparadies. Trotzdem geht's bergauf. Es gibt inzwischen zwei Pensionen und drei Tavernen. Mehr werden bald hinzukommen. Besonders empfehlenswert ist die *Taverne Lighthouse* mit Ziegenkoteletts und hausgemachten Schweinsbratwürsten als Spezialitäten und einem jungen schweizerisch-griechischen Wirtsehepaar, das über der Taverne auch 19 Zimmer vermietet *(Tel. 910 30, Fax 919 13, Kategorie 3).*

Siánna (113/D 4)

Das kleine Dorf am Akramítisberg hat vom Tourismus noch wenig mitbekommen. Die Reisegruppen, die auf ihrer Inselrundfahrt dort Mittagspause machen, bleiben gerade so lange, wie man braucht, um zu essen, einen Kaffee zu trinken und einen Rundgang durch die steilen, engen Gassen zu machen. Kunsthistorisch Interessierten bietet das Dorf eine – im Verhältnis zur Größe des Orts – riesige, dem heiligen Panteléimon geweihte Kirche aus dem späten 19. Jh. und, auf einer Anhöhe oberhalb des Orts, die Ruine einer Burg der Johanniter-Ritter. Eine kulinarische Spezialität von Siánna ist Joghurt, den man dort auch kaufen kann – zum Beispiel in der Taverne Village Place *(Kategorie 3).* Der Wirt serviert und verkauft auch Tresterschnaps, der auf Rhodos *zoúma* heißt und vielen beim ersten Schluck die Tränen in die Augen treibt – besonders, wenn er nicht gekühlt getrunken wird. Direkt gegenüber dem Kirchplatz liegt an der Dorfstraße ein gemütliches altes Kafeníon, das wie früher so häufig in griechischen Dörfern zugleich auch eine Gemischtwarenhandlung ist.

Den *zoúma* gibt es hier billiger als anderswo.

Skiádi-Kloster **(114/B 4)**
Das von Mönchen aus Thári betreute Kloster im Südwesten ist berühmt, weil dort die Ikone der Panagía (Muttergottes) Skiadiní aufbewahrt wird, die als die wertvollste von Rhodos gilt. Zu erreichen ist das Kloster von Mesanagrós oder von der Küstenstraße aus. Es wurde bereits im 14. Jh. gegründet. Die kleine Klosterkirche hat man im 19. Jh. als Altarraum in die neue, große Kirche eingebaut. Die berühmte Ikone an der Ikonostase ist nicht zu übersehen: Vergoldetes und getriebenes Silberblech bedeckt die Figuren der Muttergottes und des Jesuskinds bis auf Gesicht und Hals. In den Wochen vor Ostern wird sie nach einem genau festgelegten Plan für jeweils einen oder mehrere Tage in die Dörfer der Umgebung und auf die Nachbarinsel Chálki gebracht. Da die Ikone als wundertätig gilt, kommen das ganze Jahr über Pilger, meist Frauen, zum Kloster.

ARCHÁNGELOS

(111/D 5–6) Die zweite Stadt auf Rhodos (knapp 6000 Ew. – ab 5000 wird in Griechenland ein Ort zur Stadt) ist ein Beispiel dafür, dass Tourismus nicht gleichbedeutend sein muss mit dem Verschwinden all dessen, was einen großen Teil der Faszination des Orts ausmacht: alte, weiß gekalkte Häuser, holprige Gassen, Menschen, die immer mehr Zeit zu haben scheinen als die Besucher aus dem hektischen Mitteleuropa. Seit ein paar Jahren kommen besonders Deutsche und Niederländer in immer größeren Scharen in das »Erzengel«-Dorf (so die Übersetzung des Ortsnamens). Die Hotels liegen fast alle im modernen Ortsteil. Im historischen Zentrum kann man nur Apartments und Privatzimmer mieten. Die Feriengäste sind im »alten« Archángelos nicht mehr als ein paar

Licht und Schatten in Archángelos

Farbtupfer, die den Alltag beleben – und Geld in den Kassen der Souvenirläden lassen. Kinder im blauen Schulkittel warten an der Haltestelle auf den Bus, der sie nach Hause bringt, in eins der umliegenden Dörfer ohne eigene Schule. Frauen mit den typischen Kopftüchern gehen gemächlich vorbei, eine unförmige Einkaufstasche in der Hand, und verschwinden in einem Laden. Die sehen in Archángelos übrigens oft aus wie noch vor zwanzig Jahren überall in Griechenland: klein, niedrig, dunkel, voll gestopft. Meist ist das Angebot viel größer, als ein erster Blick vermuten lässt. In Schubladen und Schuhkartons verbirgt sich womöglich genau das, was die Kundin gerade sucht.

Anders als manch kleinere Dörfer ist Archángelos sehr lebendig. Seit die Menschen vom Tourismus gut leben können, wandern auch nicht mehr so viele ab. ★ Während der Sommermonate wird in Archángelos fast jede Woche eine Hochzeit gefeiert, und zwar mit allem, was auf Rhodos dazugehört: Verwandte und Freunde des Bräutigams holen die Braut in einer Prozession aus ihrem Elternhaus ab. Am Anfang marschieren die Musikanten. Es folgen die kirchliche Trauung nach orthodoxem Ritus und dann das große Fest im Freien mit Musik und Tanz. Zu essen gibt es oft Hammel am Spieß, und der Wein fließt in Strömen. Für die gastfreundlichen Bewohner von Archángelos ist es traditionell eine Selbstverständlichkeit, auch neu gewonnene Freunde einzuladen – ganz besonders, wenn sie in ihrem Dorf Urlaub machen.

Besonders intensiv wird auch Ostern in Archángelos gefeiert. Doch aufgepasst: Karfreitagsprozession und Auferstehungsgottesdienst beginnen hier erst weit nach Mitternacht!

BESICHTIGUNGEN

Kirche
Wie ein mit glitzernden Ringen geschmückter schneeweißer Finger ragt der Glockenturm der dem Erzengel Michael geweihten Kirche zwischen den – ebenfalls weißen – Häusern des alten Archángelos hervor. Das barock wirkende Bauwerk ist eine Hinterlassenschaft der italienischen Besatzer. Die Kirche selbst stammt aus der Mitte des 19. Jhs. Am interessantesten daran ist wohl das Mosaik im Innenhof aus schwarzen und weißen Kieseln, das für Rhodos typisch ist und *kochláki* genannt wird. Durch das Viereckmuster wirkt der ganze Bau perspektivisch verfremdet, ein Effekt, der ambitionierten Fotografen reiche Gestaltungsmöglichkeiten eröffnet. Kirchweih ist am 8. November bzw. am Abend davor.

Ritterburg
Auf einem Hügel am Ortsrand liegen die Ruinen eines Johanniter-Kastells, das Großmeister Orsini um die Mitte des 15. Jhs. bauen ließ. In der Nähe des Eingangs sind in der Mauer mehrere Wappen zu sehen, darunter das Orsini-Wappen mit der Jahreszahl 1467 – in diesem Jahr wurde der Bau vollendet. Vom Kastell aus hat man einen schönen Blick auf die weiße Silhouette des historischen Ortsteils.

RESTAURANT

Die Auswahl an Tavernen und Cafés ist groß. Viele haben bis spätabends geöffnet.

Milano
Scheuen Sie sich nicht, Pizza zu essen – die italienische Spezialität ist bei den Griechen sehr beliebt, sodass Sie in der guten Pizzeria an der Hauptstraße Richtung Rhodos-Stadt sicher nicht nur Feriengäste treffen. *Am Dorfplatz, Tel. 225 73, Kategorie 2*

EINKAUFEN

In Archángelos ist das Angebot an einheimischem Kunstgewerbe groß. Die Dorfbewohner haben sich auf Webarbeiten und

Keramik spezialisiert. Es gibt dort auch die hohen rhodischen Lederstiefel ohne Absatz, wie sie manche Frauen in den Dörfern noch tragen.

Teppiche verkauft zum Beispiel *Anastássios Saríkas.* Der Ausstellungsraum liegt gegenüber der Bushaltestelle. Hergestellt werden die Teppiche von Weberinnen, die zu Hause arbeiten, und manche haben nichts dagegen, wenn ihnen dabei einmal ein interessierter Besucher über die Schulter guckt. Adressen erfahren Sie im Souvenirladen Tsambíka Chrístou an der Hauptstraße *(Tel. 225 00 oder 229 62).* Sie sollten nur nicht gerade während der Mittagsruhe kommen, die im Sommer etwa von 13 bis 17 Uhr dauert. Tsambíka Chrístous Tochter Cleopatra verkauft Teppiche, Pullover und andere Handarbeiten, die aber, wie sie ehrlich sagt, meist aus Nordgriechenland oder Athen kommen, und sie vermittelt Privatzimmer.

Mehrere Keramikwerkstätten mit großer Verkaufsausstellung liegen an der Schnellstraße von Rhodos nach Líndos.

HOTELS

Meandros

Der zweigeschossige Bau liegt an einer ruhigen Straße, knapp 1 km vom Ortszentrum entfernt. Die zwanzig einfachen, aber modern eingerichteten Zimmer sind über Bogengänge zu erreichen und haben alle einen Balkon. Zu der Anlage gehört auch ein kleiner Süßwasserpool. Es gibt ein Frühstücksbuffet, Halbpension (Abendessen) ist möglich. *Tel. 228 96, Fax 238 96, Kategorie 2*

Semina

Das Apartmenthaus liegt in einer ruhigen Wohngegend, nur etwa 300 m vom Ortskern entfernt. Zur Auswahl stehen Studios für zwei bis drei Personen mit Wohn- und Schlafraum, Kochecke, Dusche und WC sowie Balkon oder Terrasse. In den Apartments für zwei bis vier Personen sind Wohn- und Schlafraum getrennt. Im Garten der Anlage ist ein kleiner Swimmingpool. Tägliche Reinigung und zweimal in der Woche frische Wäsche gehören zum Service, für ihre Verpflegung müssen die Gäste selbst sorgen. *34 Apartments, hinter der Schule, Tel. 222 10, Kategorie 2*

ZIELE IN DER UMGEBUNG

Charáki **(115/F 1)**

Noch vor ein paar Jahren standen an dem Kieselstrand nur ein paar Sommerhäuser. Viele gehörten Bauern aus den landeinwärts gelegenen Dörfern Malónas und Mássari, wo man nach wie vor vom Orangen- und Mandarinenanbau lebt. Diesen beiden Dörfern ist es hauptsächlich zu verdanken, dass es auf der Insel der »Leuchtenden Orangen« (wie der englische Schriftsteller Lawrence Durrell Rhodos nannte) immer noch genug von diesen Früchten gibt – auch wenn für den Export schon lange nichts mehr übrig bleibt.

Inzwischen ist Charáki zu einem beliebten Badeort ganz ohne Hotelklötze avanciert, in dem man überwiegend in kleinen Pensionen und Apartmenthäusern wohnt. Eine autofreie Strandpromenade mit Cafés, Restaurants und Bars macht den

Ort zusätzlich attraktiv. Eines der besten und originellsten Fischrestaurants der Insel, das Argo *(Tel. 514 10, Kategorie 1)* am südlichen Ende der Strandpromenade, verwöhnt seine Gäste mit frischem Fisch, Meeresfrüchten sowie Langusten aus dem eigenen Bassin. Einen Blick lohnt die kleine Kapelle Ágii Apóstoli am Dorfplatz, die 1997 und 1998 von Malermönchen vom Berg Athos im traditionellen Stil ausgemalt wurde.

Féraklos-Festung **(115/F 1)**
Nördlich von Charáki liegen auf einem Berg die Überreste der Johanniter-Festung Féraklos. Vermutlich stand dort schon in der Antike eine Burg. Sicher ist, dass es eine byzantinische Festung gegeben hat, die 1306 von den Johannitern erobert wurde. 1470 ließ Großmeister Orsini sie restaurieren. Benutzt wurde die Burg vor allem als Gefängnis für die Kriegsgefangenen des Ordens und als Verbannungsort für Ritter, die sich etwas hatten zu Schulden kommen lassen. Von der Nordseite des Bergs aus hat man einen schönen Blick in das fruchtbare Land um Malónas und Mássari und auf die Badebucht mit Sandstrand zu Füßen des Bergs. In dem Felsen oberhalb der Bucht verbirgt sich eine kunstgeschichtliche Kostbarkeit, das in den Stein gehauene Kirchlein Agía Agáthi. Es soll aus dem 12. oder 13. Jh. stammen. Die Agáthibucht, vom Badeort Charáki nur ca. dreißig Gehminuten entfernt, trumpft mit einem schönen, etwa 200 m langen Sandstrand auf, an dem meist nur wenig Betrieb herrscht. Zwei Getränkebuden haben Tische in den Sand gestellt, nur eine Bauruine am Hang stört etwas.

Stegná (**Stegená**) **(111/D 6)**
Das abgelegene Stranddorf ist über eine kurvige Straße zu erreichen, die durch das alte, fast verlassene Töpferdorf Petróna führt. Der kleine Sandstrand ist vielleicht nicht ganz so schön wie der von Tsambíka, dafür ist die Bucht grüner, und in den schattigen Tavernen können Sie einfache, aber gute griechische Küche probieren. Es gibt mehrere Apartmenthäuser, z. B. *Antonios (8 Apartments, Tel. 228 09, Fax 227 79, www.rodosnet.gr/antonios/index.html, Kategorie 2).*

FALIRÁKI

(111/E3) Noch vor 25 Jahren gab es hier nicht mehr als ein paar Fischerhäuschen und einen 6 km langen Sandstrand. Familien aus Rhodos-Stadt fuhren gern zum Baden nach Faliráki, weil das Meer auf den ersten Metern sehr flach und damit auch »kleinkindsicher« ist. Zu Anfang der 1980er-Jahre wurden die ersten Hotels gebaut, und heute ist die ehemals unbedeutende Siedlung direkt an der Ostküstenstraße ein riesiger Vergnügungspark mit Wasserspielen für Kinder und Erwachsene, 20 000 Gästebetten, Fastfood-Lokalen, Bars, Diskos, Pelzgeschäften – kurz »das Las Vegas von Rhodos«, wie ein lokaler Reiseveranstalter in seinem Prospekt prahlt.

Mit einem griechischen Dorf hat Faliráki denn auch wenig zu tun. Es ähnelt eher einer betriebsamen Kleinstadt, deren Bewohner allesamt denselben Arbeitgeber haben – den Tourismus.

Der Strand ist im Sommer unter den schwitzenden Leibern der dicht gedrängten Sonnenanbeter kaum zu sehen.

Geeignet ist Faliráki als Urlaubsort für Menschen, die sich in erster Linie austoben wollen und mit einsamen Landschaften vielleicht nicht ganz so viel im Sinn haben. Kinder werden schnell gleichaltrige Spielkameraden finden, Jugendliche haben beim Surfen oder Wasserski und abends in der Disko bestimmt ihren Spaß. Aber, das sei noch einmal gesagt, ruhig ist es in Faliráki nicht!

RESTAURANTS

Das Angebot ist in der Quantität riesig, über die Qualität kann man streiten.

Apollon

In der kleinen Snack-Bar des Apollo Beach Hotel kann man unter Bäumen ein englisches Frühstück oder ein kleines Mittagessen einnehmen und (wenn man nicht zu viel gegessen hat) danach gleich ins Wasser springen. *Tel. 855 13, Kategorie 2*

Monaxiá

»Einsamkeit« ist vielleicht nicht mehr ganz der passende Name für das unscheinbare Strandlokal vor dem Sun Palace Hotel. Es gibt dort preiswerte, gute Fischgerichte sowie zweimal pro Woche abends griechische Livemusik. *Tel. 853 07, Kategorie 2*

EINKAUFEN

Kleine Supermärkte und Souvenirläden gibt es en masse. Da Faliráki aber kein gewachsenes Dorf ist, hat es natürlich auch keine Tradition im Kunsthandwerk – man fährt besser an die Quelle im Inneren der Insel. Faliráki bietet dafür die Möglichkeit, aus dem Badeurlaub einen maßgeschneiderten Anzug oder sogar einen Pelzmantel mitzubringen. Eine Schneiderei finden Sie zum Beispiel im Faliraki Beach Hotel *(Tel. 856 68).*

HOTELS

Kein anderer Ort auf Rhodos hat so viele Gästebetten auf so engem Raum – leider überwiegen die touristischen Bausünden.

Esperos Village

Eines der schönsten Inselhotels, wie ein Dorf oberhalb des Trubels an einem Hang gelegen. Kostenloser Bustransfer zum Strand. *210 Zi., Tel. 860 46, Fax 857 41, www.esperia-hotels.gr, Kategorie 1*

Liberia

Wer in Faliráki wohnen und es trotzdem etwas ruhiger haben möchte, ist in dem 1987 erbauten Haus richtig. Es liegt ungefähr 800 m vom Ortszentrum entfernt an einer Nebenstraße (Wegweiser von der Hauptstraße: Profítis Ammós). Zum Strand sind es etwa 400 m. Alle 75 Zimmer haben Bad und WC. Es gibt einen Swimmingpool, eine Snack-Bar und einen Tennisplatz. Der in den Hotels fast schon obligatorische griechische Abend findet freitags statt. *Tel. 850 09, kein Fax, Kategorie 2*

Mousses

Das nach Faliráki-Maßstäben kleine Haus ist zu Fuß etwa 15 Minuten vom Ortskern entfernt. Zum Strand (Sand und Kiesel) sind es nur 200 m. Der Komplex ist in bungalowartige Einheiten aufgeteilt, die meist ebenerdig sind. Zu den Zimmern gehören Bad und WC sowie Balkon oder Terrasse. Die Anlage hat einen eigenen kleinen Swimmingpool. *41 Zi., Tel. 853 03, Fax 856 25, Kategorie 2*

SPIEL UND SPORT

Während der Saison gibt es Wassersportangebote für jeden Geschmack: Tret-, Paddel- und Motorbootfahren, Wasser- und Jetski, Surfen, Parasailing. Außerdem können Sie Tennis oder Minigolf spielen. Das billigste Vergnügen ist nach wie vor Schwimmen – auch in Faliráki ist dieser Spaß umsonst. Die beste Adresse für organisierte Wassersportangebote sind die großen Hotels. Besonders gut ausgestattet ist die Station von Overschmidt International vor dem Colossos Beach Hotel, wo Sie auch Surf- und Segelkurse sowie professionellen Wasserski-Unterricht buchen können. Geführte Mountainbike-Touren und Bikeverleih bietet Hellas Bike Travel im Grecotel Rhodos Royal.

AM ABEND

In Faliráki muss sich abends niemand langweilen. Probleme haben wohl eher diejenigen, die früh ins Bett gehen und dann keine Ruhe finden, weil überall noch so viel läuft. Ab Mitternacht schweigt in den Wohngebieten die Musik, und wer dann noch nicht müde ist, kann in einigen Diskos am Strand bis zum Morgengrauen weiterfeiern.

ZIELE IN DER UMGEBUNG

Anthony-Quinn-Bucht (111/E 4)
Die kleine, felsige Badebucht bei Ladikó trägt diesen großen Namen, weil die griechischen Obristen sie dem berühmten Schauspieler geschenkt hatten – zum Dank dafür, dass er auf Rhodos den Kostümfilm »Die Kanonen von Navarone« (weitere Hauptdarsteller waren Gregory Peck und Irene Papas) gedreht und damit die Insel einem Millio-

In der Anthony-Quinn-Bucht können heute auch normale Sterbliche baden

nenpublikum bekannt gemacht hatte. Quinn, so erzählt man sich, hat die ganze Zeit bei Einheimischen gewohnt – und am Schluss der Dreharbeiten beherrschte er auch die schlimmsten griechischen Flüche. Die spätere demokratisch gewählte Regierung hat die Schenkung der Obristen allerdings wieder rückgängig gemacht. So ist die wunderschöne Bucht mit dem kleinen Sandstrand heute für alle da. *Auf der Küstenstraße Richtung Líndos biegt man nach 1 km links ab, Richtung Ladikó, schräg gegenüber vom Hotel Ladikó führt eine Schotterstraße zur Bucht.*

Ladikó **(111/E4)**
Erst seit ein paar Jahren entwickelt sich das kleine Dorf zum Badeort. Für Urlauber, die ihre Ruhe haben möchten, aber manchmal doch Lust auf lärmiges Strandleben haben, ist der Ort geradezu ideal – es ist nicht weit nach Faliráki. Man wohnt schön im Hotel Cathrin *(159 Zi., Tel. 858 81, Fax 856 24, Kategorie 2)*, 650 m vom Sandstrand entfernt.

KÁMIROS

(110/A3) ★ Wohnen und Urlaub machen kann man hier nicht – die Stadt wurde nach dem Erdbeben im 2. Jh. n. Chr. nie wieder besiedelt. Doch Kámiros ist der prominenteste Ort an der Westküste, und die Insel zeigt dort eine ihrer schönsten Seiten.

BESICHTIGUNG

Ausgrabungen
Eine Warnung vorweg: Während der Saison überschwemmen oft mehrere Busladungen von Menschen das Ausgrabungsgelände. Wer den Rundgang genießen will, sollte gleich zu Beginn der Öffnungszeit oder kurz vor Schluss kommen.

Kámiros war die kleinste der drei dorischen Städte und hatte ihre Blütezeit im 6. Jh. v. Chr. Wieder entdeckt wurde sie erst Mitte des 19. Jhs. und ausgegraben von den Italienern erst in den 30er-Jahren des 20. Jhs. Die Stadt ist an einen Hang gebaut. Von den Häusern aus sieht man auf grüne Felder, Pinienwälder und Olivenhaine, und die Bewohner der Oberstadt hatten sogar die Küste im Blick. Diese Aussicht kann man selbst heute noch genießen – kein Hotel, keine Industrieanlage verstellt den Blick.

Für die ausgesucht schöne Lage ihrer Stadt haben die Bewohner von Kámiros allerdings teuer bezahlt. Im Jahr 226 v. Chr. zerstörte ein Erdbeben fast sämtliche Gebäude. Die Menschen bauten ihre Stadt trotzdem wieder auf. Rund drei Jahrhunderte später, 142 n. Chr., machte ein weiteres großes Beben Kámiros dem Erdboden gleich. Diesmal wollte niemand mehr bleiben – die Stadt wurde verlassen.

Die Ruinen des »rhodischen Pompeji« stammen größtenteils aus hellenistischer Zeit. Die Stadt steigt terrassenförmig an. Die untere Terrasse wurde aus dem Hang gehauen, durch Aufschüttungen und eine Stützmauer befestigt und zu einem Marktplatz, der Agora, ausgebaut. An den Seiten standen Heiligtümer, Statuen und Wohnhäuser. Der kleine Tempel in der Mitte war wahrscheinlich Apollo geweiht.

Luxuriös wohnte es sich in den Atriumhäusern des antiken Kámiros

Östlich vom Apollotempel liegt ein Festplatz mit niedriger Zuschauertribüne. Wahrscheinlich fanden dort zu Ehren des Gottes rituelle Handlungen statt. Der Festplatz grenzt im Westen an ein Wohnviertel, das direkt an der antiken Hauptstraße liegt. Sie führt vorbei an einem öffentlichen Bad, einem Brunnenhaus (an mehreren Stellen erhaltene Tonröhren zeugen vom antiken Wasserversorgungs- und Kanalisationssystem) und weiteren Wohnvierteln bis zur Akropolis, von deren einst prächtigen Bauten kaum etwas erhalten geblieben ist. Auf dem großen Gelände bekommt man jedoch einen guten Eindruck vom Leben in einer hellenistischen Stadt. *Di–Fr 8–17.40, Sa, So 8–15 Uhr, Eintritt 800 Drs., Film- und Videoerlaubnis zusätzlich 1000 Drs.*

RESTAURANT

New Kamiros
Auf der Speisekarte finden sich Rotbarben, gegrillter Tintenfisch und andere Meeresfrüchte, aber auch Fleischgerichte. Ein beliebtes Ausflugsziel für die Bewohner von Rhodos-Stadt, in jedem Fall auch ein guter Platz, um sich vom Aufstieg zum alten Kámiros zu erholen. *Tel. 412 41, Kategorie 2*

ZIELE IN DER UMGEBUNG

Alimniá **(112–113/C–D 2)**
★ Die heute unbewohnte Insel lockt mit einem herrlich einsamen Badestrand. Die Fischer von Chálki bringen für wenig Geld (10–12 Mark pro Person, wenn mehrere mitfahren) Badelustige hinüber. Auf Alimniá stehen heute nur noch ein paar verfallende Gebäude, darunter ein dem hl. Georg geweihtes Kloster. Alljährlich feiern die Fischer mit ihren Familien dort den Namenstag des Schutzheiligen.

Chálki **(112/A–B 2–3)**
Der weitgehend kahle, bis zu 593 m hohe Inselwinzling (28 km^2) vor der Küste von Rhodos wird

von Rhodos-Urlaubern bisher kaum besucht und ist dementsprechend ursprünglich und ruhig geblieben. Auf der ehemaligen Schwammfischerinsel wohnen nur noch etwa dreihundert Menschen, fast alle im Hauptort Nimborió. Schon bei der Einfahrt in den Hafen fallen die in Pastellfarben gestrichenen alten Häuser ins Auge. Immer mehr von ihnen werden jetzt restauriert und im Sommer als Ferienhäuser überwiegend an Briten vermietet. Aber auch aus Chálki stammende Rhodier kehren wieder hierher zurück.

1982 erklärte die Unesco Chálki zur »Insel des Friedens und der Freundschaft für die Jugend der Welt«. Jedes Jahr im September kommen Jugendliche von überall für zwei Wochen zu Seminaren und Vorlesungen auf die Insel. Baden kann man z. B. am Strand Póntamos, nicht weit von Nimborió. 3 km von dem Städtchen entfernt liegt das nahezu völlig von all seinen einstigen Bewohnern verlassene Dorf Chorió zu Füßen einer Burgruine aus Kreuzritterzeiten. Ziel einer Ganztageswanderung von hier aus ist das einsam im Inselwesten gelegene, nicht mehr bewohnte Kloster Ágios Ioánnis. Mopeds oder gar Autos kann man auf Chálki nicht mieten, wer etwas sehen will, muss wandern.

Nach Chálki fahren täglich gegen 14 Uhr Boote von Kámiros Skála hinüber, die am nächsten Morgen zurückkehren. Nur sonntags gibt es zwei Verbindungen, sodass Tagesausflüge möglich sind. Zwei- bis dreimal wöchentlich legen auf Chálki auch die großen Autofähren auf ihrem Weg zwischen Rhodos und Kreta an. Übernachten können Sie z. B. in der Pension *Kleánthi (7 Zi., Tel. 02 41/573 34, kein Fax, Kategorie 3).*

Kámiros Skála **(113/E 2)**
Der kleine Fischerhafen südlich der antiken Stadt ist in erster Linie für diejenigen interessant, die zur Nachbarinsel Chálki übersetzen wollen. Die Fischtavernen am kleinen Hafen schätzen auch Einheimische, da sie täglich mit Frischfisch beliefert werden. In der Felswand dahinter ist die unvollendete Fassade eines Felsengrabs aus hellenistischer Zeit zu erkennen.

Kritinía-Burg **(113/E 2)**
Von der verfallenen Johanniter-Burg bieten sich herrliche Blicke ins Umland. Leider sind die Felsen ungesichert, deshalb sollten Sie für den kurzen Anstieg feste Schuhe anziehen und kleine Kinder an die Hand nehmen. Von Kámiros Skála kommend, biegen Sie kurz vor dem Dorf Kritinía (Hinweisschild) rechts auf eine Schotterstraße ab. *Ständig frei zugänglich*

KOLÍMBIA

(111/E 5) Das Dorf mit den Sand- und Kieselstränden lockt Jahr für Jahr mehr Urlauber an. An die vierzig Hotels wurden hier seit 1983 gebaut, meist flache Komplexe, die oft sogar recht gut in die Landschaft passen. Hier ist alles eine Nummer kleiner als in Faliráki. Es gibt nur wenige Diskos, ein paar Kaufläden und eine Reihe von Tavernen, die besonders auf deutsche Gäste eingestellt sind. Am Strand können Sie

Surfbretter leihen. Tennisplätze vermieten die großen Hotels.

RESTAURANT

To Nisáki
Das »Inselchen« (so die deutsche Übersetzung) ist eine echte Fischtaverne. Vieles, was der Wirt auf den Tisch bringt, hat er selbst aus dem Wasser geholt. Nebenan betreibt er eine Bar, zum Strand sind es nur ein paar Schritte. *Nicht weit vom Hotel Relax, Tel. 563 60, Kategorie 2*

HOTELS

Kolymbia Sky
Wegen seiner ruhigen Lage direkt am Meer ist das Haus ideal für einen erholsamen Strandurlaub. *98 Zi., Tel. 562 71, Fax 562 74, Kategorie 2*

Kolymbia Sun
Familiär geführtes, nur zweigeschossiges Hotel mit Pool, etwa 200 m vom Strand entfernt. All-inclusive-Anlage mit einigen Zimmern, die auch für drei Erwachsene und ein Kind groß genug sind. *65 Zi., Tel. 562 13, Fax 56321, Kategorie 2*

ZIELE IN DER UMGEBUNG

Ágios Nikólaos Fountouklí **(110/B 4–5)**
Das Kirchlein des »heiligen Nikolaus von den Haselnüssen« liegt mitten in den Feldern an der kleinen Straße, die von Eleoússa auf den Profítis Ilías führt. Es stammt aus dem 14. Jh. und war ursprünglich die Hauptkirche eines Klosters, von dem aber sonst nichts erhalten geblieben ist. Gestiftet wurde das Kloster von einem hohen byzantinischen Beamten auf Rhodos. Er ist zusammen mit seiner Frau auf einem Fresko neben der westlichen Eingangstür dargestellt. Beide übergeben auf diesem Bild gerade die Kirche an Christus, der von der Jungfrau Maria und Johannes dem Täufer flankiert wird. An der gegenüberliegenden Wand sind die drei Kinder des Paars abgebildet. Eine Inschrift verrät, dass sie nahezu gleichzeitig – wohl an einer Seuche – gestorben sind. Die Weinreben und Vögel im Hintergrund drücken die Hoffnung der Eltern aus, dass Gott ihre Kinder ins Paradies aufgenommen hat. Die übrige Ausmalung der Kirche folgt dem traditionellen byzantinischen Muster: Heilige, Propheten und biblische Szenen aus Neuem und Altem Testament. Nur ein paar Schritte entfernt ist eine Wasserstelle. Ein Tisch und zwei lange Bänke unter Bäumen laden zu einer Rast ein.

Archípolis **(110/C 5)**
Das kleine, noch sehr »griechische« Dorf im Inselinneren hat von den Touristenströmen bisher nicht viel mitbekommen. Es gibt ein paar einfache Tavernen, Kafenía und Privatzimmer. An der Straße zur Westküste liegt das Kloster Ágios Nekários, dessen Kirche vollständig mit neuen Fresken ausgemalt ist.

Eptá Pigés **(111/D 5)**
Im Tal der »Sieben Quellen« unter den riesigen Platanen ist es immer angenehm kühl. Sie sollten allerdings nicht im Sommer von Kolímbia aus hierher wandern, auf der ganzen Strecke

gibt es keinen Schatten. Die Attraktion des Ausflugsorts ist ein 186 m langer unterirdischer Wassergraben aus der Zeit der italienischen Besatzung. Am Ende des Tunnels liegt ein Teich mitten in einer sanft gewellten, grünen Landschaft. Wenn Sie das idyllische Bild genießen wollen, gehen Sie über den Hügel, durch den der Tunnel führt. Achtung: Da es sich um ein Trinkwasserschutzgebiet handelt, sollten Sie von einem Bad in dem Teich auf jeden Fall absehen! Gleich hinter dem Parkplatz liegt die Taverne Seven Springs *(Kategorie 3)*, in der Sie einfache griechische Gerichte wie *souflàki* (Fleischspieß) oder *paidákia* (Lammkoteletts) bestellen können. In der Hochsaison sind die langen Tische allerdings sehr oft bis auf den letzten Platz besetzt.

Profítis Ilías **(110/A-B 4-5)**

Hirsch und Hirschkuh, die Wappentiere der Insel, gibt es auf dem dritthöchsten Berg von Rhodos (798 m) noch im Original. Die Landschaft erinnert an die Alpen – auf dem Profítis Ilías vergisst man schon mal, dass er zur Ägäisinsel Rhodos gehört. Man kann wandern oder auch mit dem Auto hinauffahren: von Sálakos im Norden, von Eleoússa im Osten oder von Émbonas im Südwesten. Etwa 100 m unterhalb des Gipfels liegen zwei Hotels, die noch aus der Zeit der italienischen Besatzung stammen. Beide sind leider zurzeit geschlossen.

Tsambíka **(111/E 5)**

Das heute unbewohnte Kloster mit dem schneeweißen Kirchlein liegt auf einem Berg

Schönen Sandstrand bietet die geschützte Bucht von Tsambíka

zwischen Küstenstraße und Meer. Geweiht ist es der Muttergottes *(Panagía)*.

Tsambíka heißt im rhodischen Dialekt Feuerschein, und über die Entstehung des Klosters gibt es eine Legende, die jeder ein wenig anders erzählt. Eine Version geht so: Ein Ehepaar war kinderlos und hatte die Hoffnung auf Nachwuchs schon fast aufgegeben. Da sah der Mann eines Nachts auf dem Berg einen geheimnisvollen Feuerschein. In der nächsten Nacht sah er ihn wieder und in der Nacht darauf noch einmal. Er wanderte hin und fand an der Stelle des Feuerscheins eine Ikone der Muttergottes. Er gelobte ihr, ein Kloster für sie zu errichten, wenn seine Frau schwanger würde. Als er nach Hause kam, sagte ihm seine Frau, dass sie ein Kind erwarteten. Die beiden bekamen ein Mädchen, das sie Tsambíka, Feuerschein, nannten, und der Mann baute das Kloster, wie er gelobt hatte. Tsambíka und Tsambíkos sind auch heute noch typische rhodische Vornamen.

Das weiße Klosterkirchlein ist heute noch ein Wallfahrtsort, besonders für junge Frauen, die sich eine glückliche Ehe und Kinder erhoffen. Der größte Teil des Wegs ist betoniert, sodass man mit dem Auto oder Moped weit hinauffahren kann – eine Pilgerin geht aber möglichst zu Fuß. Besonders Erfolg versprechend soll die Wallfahrt sein, wenn sie sich für den letzten Abschnitt der Wallfahrt, immerhin noch rund 20 Minuten, einen Sack mit einem schweren Stein auf die Schulter packt.

Auf dem kleinen Plateau vor dem letzten Stück des Aufstiegs liegt das Restaurant Tsambíka. Einheimische können dort, wie ein Schild verkündet, Hochzeiten und Taufen feiern – und Urlauber neue Drachmen einwechseln, falls die mitgebrachten zum Einkehren nicht mehr reichen.

Durch ein weißes Tor führt der Weg in den Klosterhof. Links ein leeres Zimmer, das Pilgern als Schlafraum dient. In der Kammer auf der rechten Seite können Sie sich in eines der dicken Gästebücher eintragen. Viele einheimische Besucherinnen haben sich mit seitenlangen, anrührenden Briefen an die »liebe Muttergottes« verewigt.

Vor dem Abstieg können Sie noch einmal die Aussicht auf die Buchten der Ostküste und vor allem auf den Tsambíka-Sandstrand genießen, der zu den schönsten der Insel zählt.

Die wundertätige Ikone der Gottesmutter von Tsambíka steht allerdings aus Sicherheitsgründen nicht mehr in der unbewachten Gipfelkapelle. Sie wird jetzt im modernen Kloster Káto Tsambíka verehrt. Es liegt direkt an der Hauptstraße Richtung Líndos, etwa 1 km von der Abfahrt zur Gipfelkapelle entfernt. Die Klosterkirche stammt aus dem 18. Jh. und enthält eine kostbare Ikonostase. Von der Decke hängen glitzernde venezianische Lüster herab.

Am 7./8. September, dem Geburtstag Marias, machen sich besonders viele Pilger auf den Weg zur Gipfelkapelle, wo dann auch die heilige Ikone wieder für zwei Tage zu Gast ist. Der Fußweg vom Restaurant auf den Gipfel ist an diesen Tagen beleuchtet.

Inselschönheit mit vielen Gesichtern

Die hier beschriebenen Routen sind in der Übersichtskarte im vorderen Umschlag und im Reiseatlas ab Seite 110 grün markiert

① AUF DEN SPUREN DER ANTIKE UND RITTERZEIT

Geschichte kompakt: An diesem Tag lernen Sie alle vier rhodischen Städte der Antike kennen und zudem alle bedeutenden Burgen der Johanniterritter. Mehrmals kommen Sie ans Meer, sodass Badepausen möglich sind. Sie sollten früh aufbrechen, um die Öffnungszeiten der archäologischen Stätten voll nutzen zu können. Der Montag ist für diese Rundfahrt ungeeignet, da Sie dann mancherorts vor verschlossenen Türen stehen. Länge der Rundfahrt von und bis Rhodos-Stadt: 210 km, Zeitbedarf mindestens 8–10 Stunden

Erste Station der Rundfahrt ist der *Monte Smith (S. 43)*. In der Antike befand sich auf ihm die *Akropolis von Rhodos*. Italienische Archäologen haben Stadion und Theater rekonstruiert, doch vom Apollotempel stehen nur noch dreieinhalb Säulen aufrecht.

Vom Monte Smith geht es hinunter auf die Schnellstraße, die die Stadt Rhodos mit Líndos verbindet. *Faliráki (S. 82)* mit seinen Hotelhochhäusern bleibt links liegen, Rhodos wird ländlicher. Hinter *Kolímbia (S. 87)* kommt links hoch auf einem Berg das *Kloster Tsambíka (S. 89)* in Sicht. Hinter der Abzweigung zum völlig unverbauten, traumhaft schönen Sandstrand *Tsambíka Beach* steigt die Straße bald an. In einer Linkskurve liegt das *Talkloster von Tsambíka (S. 90)* mit schöner Kirche und uriger Taverne.

Der nächste Besichtigungsstopp lohnt in *Archángelos (S. 79)*, dem zweitgrößten Ort der Insel. Ein kurzer Spaziergang führt zur stets frei zugänglichen *Ruine der Ritterburg*. Danach sollten Sie sich ins alte Kaffeehaus an der Bushaltestelle setzen und dem dörflichen Treiben zuschauen.

Hinter Archángelos steigt die Schnellstraße zunächst hügelan und senkt sich dann in das größte *Orangenanbaugebiet* von Rhodos rund um das Dorf *Malónas (S. 81)* hinab. Hier liegt an der Küste *Charáki (S. 81)* mit der *Ritterburg Féraklos (S. 82)*. Am Fuß des Burghügels befinden sich, etwa 200 m hinter den letzten Häusern des Orts, auf freiem Feld die Reste einer *Zuckerraffinerie aus Kreuzrit-*

terzeiten: Die Gewinnung von Rohrzucker war ein bedeutender Wirtschaftszweig des Johanniterordens. Die Ruinen sind eingezäunt, von außen allerdings gut einzusehen.

Der erste Blick auf *Líndos (S. 57)* lässt jeden Reisenden zunächst einmal auf die Bremse steigen. Über den weißen Häusern des einzigartigen Dorfs ragt der mächtige *Akropolisfelsen* auf, den die antiken Griechen mit einem Tempel und die Ritter mit einer Burg krönten.

Nach einem Bummel durch das Dorf geht die Fahrt an der Westküste entlang weiter, und zwar bis *Gennádi (S. 65)*. Danach zweigt man ins Inselinnere ab und gelangt über *Váti* nach *Istrios.* Fährt man von hier nach *Apolakkiá (S. 75)* weiter, fallen nach etwa 5 km rechts zwei große Apsiden auf, die zu einer fünfschiffigen Basilika aus frühchristlicher Zeit gehörten.

Nächster Ort nach Apolakkiá ist *Monólithos (S. 77)*, ganz in der Nähe der gleichnamigen sehr fotogenen Burg auf einem Hügel hoch über dem Meer. Auf der Weiterfahrt sollte man in *Siánna (S. 78)* eine Pause einlegen und dort einen Joghurt mit Honig essen, bevor es an der Westküste weitergeht. Hinter *Kritinía (S. 87)* zweigt eine Stichstraße zur schon gut sichtbaren *Burg* ab. Wer von Burgen erst einmal genug hat, fährt gleich weiter zum winzigen Fischerhafen *Kámiros Skála (S. 87)* und zu den *Ausgrabungen der antiken Stadt Kámiros.* Danach steht nur noch ein Ziel auf dem Programm: kurz vor Rhodos-Stadt das Plateau des *Filérimos (S. 52)* mit seinen antiken Ruinen und einem mittelalterlichen Kloster.

② KLEINE KIRCHEN, STILLE DÖRFER

Auf der Suche nach dem ursprünglichen Griechenland wird man in den Binnendörfern der Insel viel eher fündig als in den Küstenorten. Diese Tour führt in viele kleine Orte – und zu einer Reihe kleiner Kirchen und Klöster aus byzantinischer Zeit. Manche sind verschlossen, um Ikonendiebstähle zu verhindern, andere stehen Besuchern offen. Sie bieten nicht nur Kunstgenuss, sondern faszinieren ebenso oft durch ihre landschaftliche Lage. Ein Jeep ist für diese Rundfahrt nicht unbedingt erforderlich. Er ermöglicht es allerdings, Abkürzungen über Schotterstraßen und holprige Pisten zu nehmen. Länge der Rundfahrt ab und bis Faliráki: 250 km, Zeitbedarf mindestens 8–10 Stunden

Man verlässt *Faliráki (S. 82)* auf der Schnellstraße, zweigt jedoch schon nach 5 km ins Dorf *Afántou (S. 72)* ab und nimmt dort die Straße ins große Binnendorf *Psínthos (S. 75)* mit seinem recht lebhaften Dorfplatz. Ein kleines Sträßlein führt weiter nach *Archípolis (S. 88)*, einem besonders ländlich gebliebenen Dorf. 2300 m hinter Psínthos liegt links die Kapelle *Agía Tríada (S. 74)* mit Fresken aus dem 15. und 17. Jh.

Von Archípolis aus sollte man einen kurzen *Abstecher* über die Straße *Richtung Kolímbia* unternehmen, an der nach 2 km rechter Hand die Kirche *Ágios Nektários* steht. Sie ist vollständig mit neuen Wandmalereien im traditionellen byzantinischen Stil ausgeschmückt. Vor dem Aufgang zur Kirche steht eine mächtige hohle Platane. Auf der anderen Straßenseite beginnt die Gemeindeverwaltung gerade mit der Anlage eines Waldparks.

Von Archípolis geht es weiter nach *Eleoússa (S. 88, 89)* und zur *Kirche Ágios Nikólaos Fountouklí (S. 88)*, einem überaus schönen Sakralbau. Nach der Besichtigung des Innenraums kehrt man nach Eleoússa zurück und fährt von dort über die ganz stillen Dörfer *Platánia* und *Apóllonas* nach *Émbonas (S. 76)*, wo man die Weinkellerei besichtigen sowie zu Mittag essen kann.

Nächstes Besichtigungsziel ist, weit im Süden, das *Kloster Skiádi (S. 79)* mit seiner wundertätigen Marienikone. Von dort führt eine zurzeit noch sehr raue Piste über den Berg hinüber nach Mesanagrós. Am besten erkundigt man sich im Kloster nach dem aktuellen Straßenzustand – eventuell bleibt einem der Umweg über *Kattaviá (S. 76)* nicht erspart, um ins doch eigentlich so nahe *Mesanagrós (S. 76)* zu gelangen. Im Dorf wird man mit einer unbedingt sehenswerten Kirche belohnt. Den Schlüssel dazu bewahrt der Wirt des benachbarten Dorfkaffeehauses, in dem es auch ein einfaches Essen gibt, auf.

Links unterhalb der Straße von Mesanagrós nach Lachaniá lohnt die *Wallfahrtskirche Ágios Thomás (S. 77)* einen kurzen Abstecher. *Lachaniá* offenbart seinen ganzen ländlichen Reiz am besten, wenn man das Fahrzeug an der Hauptstraße stehen lässt und zur *Taverne Plátanos* nach unten geht. Von Lachaniá geht es dann wieder in Richtung Norden. *Zwei Höhepunkte dieser Tagesfahrt* stehen noch auf dem Programm: ein Abstecher zum Bergdorf *Asklípion (S. 64)* mit seiner freskengeschmückten Kirche und einem kleinen Museum sowie ein kurzer Abstecher zum *Kloster Thári (S. 67)* bei *Laérma (S. 66)*, in dem nach längerer Pause jetzt wieder Mönche leben.

Wer danach noch Zeit und Lust hat, kann schließlich von *Lárdos (S. 67)* aus durch einen duftenden Kiefernwald zum *Kloster Ipsenís (S. 65)* fahren, wo gastfreundliche Nonnen zu Hause sind. Über die gut ausgebaute Ostküstenstraße gelangt man schließlich nach Faliráki zurück.

③ VIEL NATUR UND SCHÖNE STRÄNDE

Auf dieser Tagestour bleiben die historischen Sehenswürdigkeiten weitgehend unbeachtet. Naturerlebnis und Badespaß stehen im Vordergrund – dazu passt natürlich ein offenes Fahrzeug am besten. Man kann die Tour als vollständige Inselrundfahrt gestalten und entlang der Westküste in den Urlaubsort zurückkehren. Sehr viel schneller gelangt man aus dem Inselsüden freilich über die viel besser ausgebaute Ostküstenstraße ins Feriendomizil zurück. Länge der Rundfahrt ab und bis Rhodos-Stadt: 200 km, Zeitbedarf mindestens 7–9 Stunden

Den Auftakt für den Reigen schöner Strände entlang der Ostküste bildet die kleine *Bucht von Ladikó (S. 85)* kurz hinter *Faliráki (S. 82)*. An dem kurzen, aber selten vollen Sandstrand steht eine einzige Taverne: Eine gut befahrbare Staubstraße führt hinüber in die *Anthony-Quinn-Bucht (S. 84)*.

Kolímbia (S. 87) besitzt *zwei schöne Sandstrände*. Der nördliche ist kilometerlang, optisch wegen des flachen Hinterlands allerdings weniger ansprechend. Der südliche hingegen wird von einer niedrigen Steilküste aus bizarr geformten Felsknollen begrenzt, die ihn auch fürs Auge durchaus attraktiv machen.

Fahren Sie von Kolímbia aus nicht gleich in Richtung Süden weiter, sondern unternehmen zunächst einmal einen Abstecher zu den *Eptá Pigés (S. 88)* im Landesinneren, stoßen Sie dort auf einen unterirdischen Wassergraben und nach dem Weg über den Hügel auf eine sanft gewellte grüne Landschaft samt Teich. Widerstehen Sie jedoch der Verlockung zu baden: Trinkwasserschutzgebiet!

Schon 2 km südlich von Kolímbia zweigt eine Stichstraße an den *Strand von Tsambíka (S. 89)* ab, der zu den schönsten der Insel zählt. Er ist beinahe einen Kilometer lang und noch völlig unverbaut. Nur eine Taverne und mehrere improvisierte Imbissbuden stehen hier. Ansonsten ist alles naturbelassen. Besonders schön: Der Wind hat an den Hängen im Süden des Strands Sand abgelagert, sodass es aussieht, als liege man vor haushohen Dünen.

Zeit fürs Mittagessen? In *Charáki (S. 81)* kann man im Restaurant Argo hervorragend Fisch essen. Wer stattdessen lieber noch einen Sandstrand aufsucht, kann von Charáki aus zur nördlich gelegenen *Agáthi-Bucht (S. 82)* wandern oder fahren, die unter Rhodos-Kennern fast wie ein Geheimtipp gehandelt wird, weil dort so wenig los ist.

Voll sind hingegen die beiden schönen *Sandstrände von Líndos (S. 57)*. Sie sollte man ein anderes Mal besuchen und an Líndos vorbei weiterfahren nach *Péfki (S. 68)*. Unterwegs hat man einen schönen Blick auf die *Bucht Ágios Pávlos (S. 58)*, in der einst der Apostel Paulus an Land gegangen sein soll.

Bei *Lárdos (S. 67)* erreicht man wieder die Schnellstraße. Schon wenige hundert Meter weiter liegt links unterhalb der Straße eine weitere kleine *Sandbucht*. Bei *Kiotári (S. 66)* beginnt kurz darauf der längste Ostküstenstrand. Als breites, teils sandiges, teils kiesiges Band reicht er bis weit jenseits von *Gennádi (S. 65)*.

Der südlichste Ort an der Ostküste ist der Weiler *Plimmíri (S. 67)* mit einem wenig besuchten *Sandstrand* und einer schönen Taverne unmittelbar neben der sehenswerten Kirche *Zoodóchos Pigí*. Sie steht über den Fundamenten einer frühchristlichen Basilika aus dem 5./6. Jh., von der schöne Marmorplatten und Säulen in der jetzigen Kirche verbaut sind.

Das am weitesten von Rhodos-Stadt entfernte Inseldorf ist *Kattaviá (S. 76)*. Am Dorfplatz laden mehrere Tavernen zur Rast ein, aber auch am *Strand von Prassoníssi (S. 78)* an der Südspitze der Insel kann man speisen. Dieser Strand wäre sicher der schönste der Insel, wenn das Meer nicht so viel Teerklumpen und anderes Treibgut anschwemmen würde.

Wer für die Rückfahrt in den Inselnorden nicht die schnellere Strecke entlang der Ostküste vorzieht, gelangt schon kurz hinter Kattaviá an die westlichen Ufer der Insel. Schöne Strände findet man hier zwar nicht mehr, dafür ist aber die *bergige Landschaft* besonders abwechslungreich. Wer noch viel Zeit hat, wird auf dem Rückweg vielleicht noch einen Abstecher in das *Schmetterlingstal (S. 74)* unternehmen wollen, um dann von dort über das Dorf *Psínthos (S. 75)* nach Faliráki oder in einen anderen Urlaubsort zurückzukehren.

Von Auskunft bis Zoll

Hier finden Sie kurz gefasst die wichtigsten Adressen und Informationen für Ihre Rhodos-Reise

AUSKUNFT

Griechische Zentrale für Fremdenverkehr
Wittenbergplatz 3 a, 10789 Berlin, Tel. 030/217 62 62, Fax 217 79 65
Neue Mainzer Str. 22, 60311 Frankfurt/Main, Tel. 069/23 65 61–63, Fax 23 65 76
Abteistr. 33, 20149 Hamburg, Tel. 040/45 44 98, Fax 45 44 04
Pacellistr. 5, 80333 München, Tel. 089/22 20 35–6, Fax 29 70 58
Opernring 8, 1010 Wien, Tel. 01/512 53 17, Fax 513 91 89
Löwenstr. 25, 8001 Zürich, Tel. 01/221 01 05, Fax 212 05 16

AUTO

Es genügt der nationale Führerschein. Die Mitnahme einer internationalen grünen Versicherungskarte für das eigene Fahrzeug ist empfehlenswert, aber nicht Pflicht. Das Tankstellennetz ist dicht, bleifreies Benzin überall erhältlich. Pkw aller Art benötigen in Griechenland grundsätzlich Superbenzin. Pannenhilfe des griechischen Automobilclubs ELPA insel- und landesweit: *Tel. 104.*

Auf Rhodos herrscht, wie in ganz Griechenland, Anschnallpflicht auf den Vordersitzen. Höchstgeschwindigkeit ist in Ortschaften 50 km/h, auf Landstraßen 90 km/h. Hupen vor unübersichtlichen Kurven ist üblich, in Ortschaften aber verboten. Promillegrenze: 0,5 – harte Strafen bei Trunkenheit!

Mietwagen können in allen Urlaubsorten sowie am Flughafen geliehen werden. Vollkaskoversicherungen decken keine Schäden an Reifen und an der Unterseite des Wagens ab.

BANKEN/GELD

Banken und Postämter wechseln Geld und lösen Reiseschecks ein, Banken auch Eurocheques (bis zu 50 000 Drs.). Öffnungszeiten: *Banken Mo–Do 8–14, Fr 8–13.30, Postämter Mo–Fr 7.30–15 Uhr, in Touristenzentren länger.* Abhebungen vom Postsparbuch sind nicht möglich! An den Bargeldautomaten einiger Banken kann man mit EC-Karte und Geheimnummer je nach persönlichem Limit bis zu 100 000 Drs. pro Tag abheben. Auch mit Kreditkarten kann an vielen Automaten Geld abgehoben werden.

BEHINDERTE

Für körperbehinderte Reisende ist Rhodos kein ideales Ziel, da spezielle Einrichtungen weitgehend fehlen.

BUSSE

Überlandbusse
Orte an der Ostküste fährt die Busgesellschaft KTEL an, solche an der Westküste das Unternehmen RODA. In Rhodos-Stadt liegen die Bahnhöfe beider Firmen am *Neuen Markt (Néa Agorá)*, KTEL/Ostküste vor dem *Fremdenverkehrsamt*, RODA/Westküste in der *Odós Papágou* am Eingang von »Ton und Licht«. Abfahrt ab dem frühen Morgen in Abständen von 30 Minuten bis zu drei Stunden. Fahrpreis zwischen ca. 2,50 und 11 Mark. Bezahlt wird im Bus.

Stadtbusse in Rhodos-Stadt
Fünf Linien fahren ab Busbahnhof *Platía Eleftherías (Néa Agorá/ Mandráki)*. Einheitspreis ca. 1,20 Mark, Karten vorher am Schalter der RODA-Betriebe (Mandráki) oder am Kiosk kaufen.

CAMPING

Wildes Zelten ist auf Rhodos verboten. Der einzige Campingplatz der Insel liegt bei Faliráki: *Camping Faliráki, Tel. 853 58, Fax 855 16.*

DIPLOMATISCHE VERTRETUNG

Deutsches Honorarkonsulat
Rhodos-Stadt, *Monte Smith, Artémidos 12, Tel. 637 30*

Schrift und Umschrift

Wie gibt man griechische Wörter in Lateinschrift wieder? Bis heute hat sich kein einheitliches System durchsetzen können. Im Text dieses Führers finden Sie die Worte so, wie sie der Aussprache am nächsten kommen. Auf den Karten dagegen wird ein neues Umschriftsystem verwendet, das als international verbindlich erklärt wurde. Wo es nötig war, haben wir die Kartenversion im Text in Klammern hinzugefügt. Die häufigsten Unterschiede: »ai« auf der Karte ist »ä« im Text, »y« ist »i«, »ou« ist »u« und »ei« ist »i«. Bei einigen Ortsnamen verwenden wir im Text die deutschen Versionen: Wir schreiben beispielsweise »Athen« statt »Athinai« und »Patras« statt »Patrai«. Die folgende Tabelle zeigt das griechische Alphabet und und die Äquivalente in Lateinschrift.

Das griechische Alphabet mit Umschrift

Α	*α*	a	*Η*	*η*	i	*Ν*	*ν*	n	*Τ*	*τ*	t
Β	*β*	v, w	*Θ*	*ϑ*	th	*Ξ*	*ξ*	ks, x	*Υ*	*υ*	i, y
Γ	*γ*	g, i	*Ι*	*ι*	i, j	*Ο*	*ο*	o	*Φ*	*φ*	f
Δ	*δ*	d	*Κ*	*κ*	k	*Π*	*π*	p	*Χ*	*χ*	ch
Ε	*ε*	e	*Λ*	*λ*	l	*Ρ*	*ρ*	r	*Ψ*	*ψ*	ps
Ζ	*ζ*	s, z	*Μ*	*μ*	m	*Σ*	*σ, ς*	s, ss	*Ω*	*ώ*	o

Österreichisches Honorarkonsulat
Rhodos-Stadt, *Odós 25. Martíou 27–33, Tel. 208 33*

Schweizer Botschaft
Odós Iassíou 2, 11521 Athen, Tel. 01/723 03 64–6 oder 724 92 08

EINREISE

Gültiger Personalausweis (auch für Türkei-Ausflüge). Kinder unter 16 Jahren müssen im Pass eines mitreisenden Elternteils eingetragen sein oder benötigen einen Kinderausweis (ab zehn Jahren mit Lichtbild).

EINTRITTSPREISE

Zu Museen und archäologischen Stätten, die dem Staat gehören, haben alle Jugendlichen unter 18 Jahren sowie Schüler und Studenten aus EU-Ländern freien Eintritt. Senioren ab 65 Jahren aus EU-Ländern erhalten eine Ermäßigung.

GESUNDHEIT

Allgemeines Krankenhaus
(Jenikó Nossokomío), Rhodos-Stadt, Odós Erythroú Stavroú, Notaufnahme Tel. 255 55

Die Apotheken *(farmakíon)* auf Rhodos sind offiziell samstags und sonntags geschlossen. Der Notdienstplan hängt im Fenster und steht u. a. in den englischsprachigen Anzeigenblättern.

Es empfiehlt sich, vor der Reise zu Hause eine Auslandskrankenversicherung abzuschließen.

HAUSTIERE

Vorschrift für die Einfuhr ist ein internationaler Impfpass oder ein amtstierärztliches Gesundheitszeugnis mit englischer oder französischer Übersetzung, das nicht älter als 14 Tage sein sollte.

INTERNET

Informationen über Rhodos bietet: *www.travel-greece.com*
Alle aktuellen Schiffsverbindungen nennt: *www.gtpnet.com*

NOTRUF

Polizei: *100*
Touristenpolizei Rhodos-Stadt: *233 29 oder 274 23 (Ecke Odós Papágou und Odós Makaríou)*

ÖFFNUNGSZEITEN

Die Läden sind recht unterschiedlich geöffnet, meist Mo bis Fr 9–13.30 und 16–20 Uhr, in der Saison bis in den späten Abend und dann auch am Wochenende. Montags und mittwochs ist häufig nachmittags geschlossen. Für den täglichen Bedarf gibt es in jedem Dorf mindestens einen kleinen Laden *(bakáliko)*. Die Öffnungszeiten variieren, zwischen 14 und 17 Uhr ist die Tür meist verschlossen. Dafür ist der Kaufmann oft noch nach 20 Uhr da.

POST

Die Postämter sind normalerweise Mo–Fr 7.30–15 Uhr geöffnet, das Hauptpostamt Rhodos-Stadt *(Platía Dimarchíou/ Mandráki)* Mo–Fr 7.30–20 Uhr. Das Porto für eine Postkarte oder einen Brief innerhalb von Europa kostet 170 Drs. Briefmarken gibt es gegen Aufpreis auch an manchen Kiosken und

Hotelrezeptionen sowie in vielen Souvenirläden, die Ansichtskarten verkaufen.

RADIO/TV

Erfragen Sie vor der Reise die aktuelle Frequenz der Deutschen Welle in Köln – sie wechselt des Öfteren: *Tel. 0221/3 89 32 08 (24 h besetzt), Fax 3 89 32 20.*

In Hotels und Pensionen mit Satellitenschüssel sind ausländische Privatkanäle zu empfangen.

REISEZEIT

Mit Ausnahme der regnerischen und stürmischen Monate Dezember bis Mitte März immer.

STROM

220 Volt Wechselstrom. Mitteleuropäische Stecker passen meist.

TAXI

Die grauen oder blauen Wagen (in Athen: gelb) stehen am Flughafen, vor den großen Hotels und am Taxistand in Rhodos-Stadt (Mandráki). Telefonische Bestellung: *647 34* oder *647 12.* Man kann Taxen auch auf der Straße anhalten. Starttarif etwa 2 Mark, jeder gefahrene Kilometer 70 Pfennig, außerhalb von Ortschaften und nach 24 Uhr doppelter Tarif. Flughafenaufschlag. Gepäck kostet extra.

TELEFON

Öffentliche Kartentelefone gibt es in jedem Ort in großer Zahl. Telefonkarten mit 100 Einheiten (1000 Drs.) sind an allen Kiosken und in vielen Supermärkten erhältlich, die preisgünstigeren Telefonkarten mit 500 Einheiten (4200 Drs.) erhält man meist nur in den Büros der Telefongesellschaft OTE. Telefonate von Hotels und Reisebüros aus vermeidet man wegen der hohen Preisaufschläge besser. Billigtarif für Ferngespräche: 22–8 Uhr. Handys sind weit verbreitet; die Flächendeckung ist gut.

Vorwahl nach Griechenland: 00 30
Vorwahl nach Deutschland: 00 49
Vorwahl nach Österreich: 00 43
Vorwahl in die Schweiz: 00 41

Die drei verschiedenen Vorwahlbereiche auf Rhodos:

Im Dreieck Rhodos-Stadt – Afántou – Soroní: 02 41

Im Osten der restlichen Insel (z. B. Archángelos, Líndos, Lárdos, Kattaviá): 02 44

Im Westen (z. B. Apolakkiá, Monólithos, Émbonas): 02 46

TOILETTEN

Außer in sehr guten Hotels und Restaurants darf benutztes Toilettenpapier nicht ins Klobecken, sondern nur in bereitstehende Eimer oder Papierkörbe (Verstopfungsgefahr!).

TRINKGELD

Es ist üblich, fünf bis zehn Prozent »draufzulegen«.

ZEIT

Immer eine Stunde später als in Mitteleuropa.

ZEITUNGEN

Ausländische Tageszeitungen und Illustrierte sind auf der Insel überall – meist allerdings mit einem Tag Verspätung – zu haben. Im Land selbst erscheinen die englischsprachige Tageszeitung »Athens News« und das deutschsprachige Wochenblatt »Athener Zeitung«.

ZOLL

Für den privaten Verbrauch bestimmte Waren dürfen zwischen Deutschland, Österreich und Griechenland bis zu gewissen Glaubwürdigkeitsgrenzen mitgeführt werden. Sie liegen bei 800 Zigaretten, 110 l Bier, 90 l Wein und 10 l Spirituosen pro Person. Für Reisende aus der Schweiz gelten andere Grenzen: 200 Zigaretten und 2 l Wein. Die Ausfuhr von Antiquitäten ist streng verboten.

WETTER AUF RHODOS

Die monatlichen Durchschnittswerte im Überblick

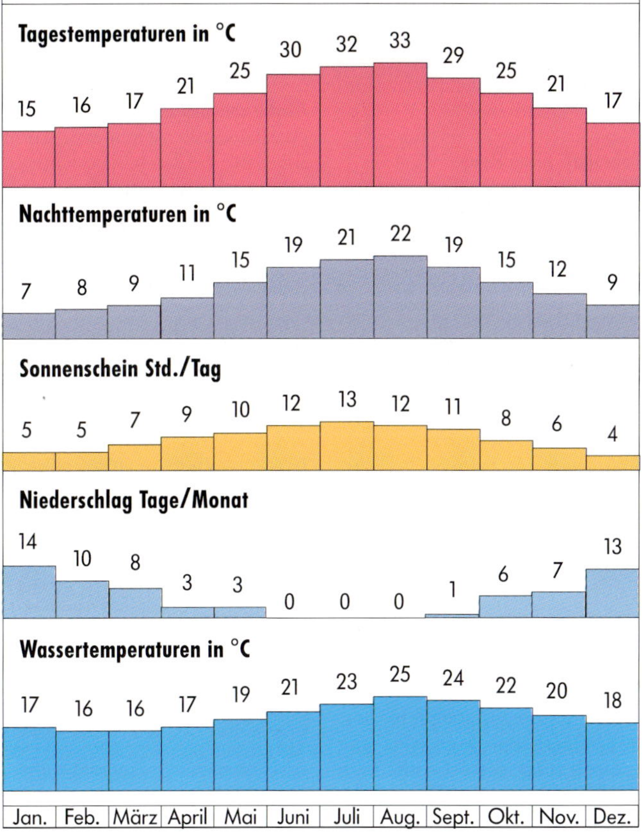

Bloß nicht!

Damit die Ferien auf Rhodos ein Erfolg und ein Vergnügen werden – hier ein paar kleine Tipps

Drauflosfotografieren
Die meisten Rhodier lassen sich gern fotografieren. Fotografen, die sich wie Jäger benehmen, mögen sie aber nicht. Bevor man auf den Auslöser drückt, sollte man höflicherweise mit einem Lächeln das Einverständnis des Motivs einholen.

Fahrspaß ohne Reue
Mit einem eigenen Fahrzeug lernen Sie Rhodos sicher am besten kennen. In viele Dörfer fahren nur selten Busse, und oft sind sie dann brechend voll. Dafür locken überall Auto- und Motorradverleiher mit Sonderangeboten. Bevor Sie zugreifen, ein paar Tipps: Überschätzen Sie sich nicht! Viele Urlauber mieten ein Moped oder Auto, das sie nicht sicher beherrschen, oder sie geben forscher Gas, als sie es zu Hause tun würden. Oft enden solche Fahrten im Krankenhaus – oder schlimmer. Berücksichtigen Sie, dass Fahrzeug, Straßen und Wetter für Sie ungewohnt sind. Für kurze Strecken reicht vielleicht auch ein Fahrrad!

Motorradfahrer/innen sollten eigene Helme mitbringen. Viele Verleiher haben gar keine oder schlechte Helme (obwohl auch in Griechenland ein Helm bereits beim Mopedfahren Pflicht ist!).

Im Vertrag ist immer eine Teilkaskoversicherung (Haftungsausschluss gegen Dritte) enthalten. Viele Vermieter bieten außerdem eine Vollkaskoversicherung an. Sehen Sie sich die Bedingungen vor der Unterschrift genau an.

Kirchenbesuch im Bikini
Auf Rhodos freut man sich, wenn die Gäste die Kirchen besichtigen oder auch am Gottesdienst teilnehmen. Leider kommt es immer wieder vor, dass Besucher in Shorts oder Badekleidung durch Klostergänge schlendern oder bei Wallfahrten aufdringlich fotografieren. Wer die religiösen Gefühle anderer nicht respektieren kann, sollte besser einen Bogen um die Kirchen machen.

Immer gleich Nepp unterstellen
Nobody is perfect. Auch unter den überwiegend ehrlichen Rhodiern gibt es einige, die Touristen zu übervorteilen versuchen. Manchmal ist aber auch der Urlauber im Unrecht: Beim Essen muss immer ein Preis fürs Couvert bezahlt werden (60–300 Drs.). Nach Fahrpreiserhöhungen werden aus Sparsamkeitsgründen Bus- und Schiffstickets mit dem aufgedruckten alten Preis immer erst aufgebraucht, bevor neue in Umlauf kommen.

Sprechen und Verstehen ganz einfach

Zur Erleichterung der Aussprache sind alle griechischen Wörter mit einer einfachen Aussprache (in der mittleren Spalte) versehen. Folgende Zeichen sind Sonderzeichen:

'	die nachfolgende Silbe wird betont
∂	wie englisches »th« in »the«, mit der Zungenspitze hinter den Zähnen
θ	wie englisches »th« in »think«, mit der Zungenspitze zwischen den Zähnen

AUF EINEN BLICK

Ja.	nä.	Ναι.
Nein.	'ochi.	'Οχι.
Vielleicht.	'issos.	'Ισως.
Bitte.	paraka 'lo.	Παρακαλώ.
Danke.	äfchari'sto.	Ευχαριστώ.
Entschuldigung!	si'gnomi!	Συγνώμη!
Wie bitte?	o'ristä?	Ορίστε;
Ich verstehe Sie nicht.	∂ä sass katala'wäno.	Δε σας καταλαβαίνω.
Bitte, wiederholen Sie es.	na to ksana'pite, paraka'lo.	Νά το ξαναπείτε, παρακαλώ.
Ich spreche nur wenig …	mi'lo 'mono liga …	Μιλώ μόνο λίγα …
Können Sie mir bitte helfen?	bo'ritä na mä woi'θisätä paraka'lo?	Μπορείτε να με βοηθήσετε, παρακαλώ;
Ich möchte …	'θälo …	θέλω …
Das gefällt mir nicht.	af'to ∂än mu a'rässi.	Αυτό δεν μου αρέσει.
Haben Sie …?	'ächätä …	'Εχετε …;
Wie viel kostet es?	'posso ko'stisi?	Πόσο κοστίζει;
Wie viel Uhr ist es?	ti 'ora 'inä?	Τι ώρα είναι;
Heute	'simära	Σήμερα
Morgen	'awrio	Αύριο

KENNENLERNEN

Guten Morgen!	kali'mära!	Καλημέρα!
Guten Tag!	kali'mära!/'chärätä!	Καλημέρα/Χαίρετε!
Guten Abend!	kali'spära!	Καλησπέρα!
Hallo! Grüß dich!	'jassu!	Γειά σου!
Wie geht es Ihnen/dir?	'poss 'istä?/'issä?	Πώς είστε;/είσαι
Danke.	äfchari'sto.	Ευχαριστώ.
Und Ihnen/dir?	äs'sis/äs'si?	Εσείς/εσύ;
Auf Wiedersehen!	a'dio!	Αντίο!
Tschüss!	'jassu!	Γειά σου!

Auskunft

links/rechts	aristä'ra/∂äks'ja	Αριστερά/Δεξιά
geradeaus	ef'θia	Ευθεία
nah/weit	ko'nda/maykri'a	Κοντά/Μακριά
Wie weit ist es zum/zur …?	'posso ma'kria 'inä ja …?	Πόσο μακριά είναι για …;
Ich möchte … mieten.	'θälo na ni'kjasso …	Θέλω να νοικιάσω …
… ein Auto	'äna afto 'kinito	ένα αυτοκίνητο
… ein Fahrrad	'äna po'∂ilato	ένα ποδήλατο
… ein Boot	'mia 'warka	μια βάρκα
Bitte, wo ist …?	paraka'lo, 'pu 'inä …?	Παρακαλώ, πού είναι …;

Panne

Ich habe eine Panne.	'äpaθa zim'ja.	'Επαθα ζημειά
Würden Sie mir bitte einen Abschleppwagen schicken?	θa bo'russatä na mu 'stilätä 'äna 'ochima ri'mulkissis?	Θα μπορούσατε να μου στείλετε ένα όχημα ρυμούλκησης;
Wo ist hier in der Nähe eine Werkstatt?	'pu i'parchi ä'∂o kon'da 'äna sinär'jio?	Πού υπάρχει εδώ κοντά ένα συνεργείο;

Tankstelle

Wo ist bitte die nächste Tankstelle?	'pu 'inä, sass paraka'lo, to e'pomäno wensi'na∂iko?	Πού είναι, σας παρακαλώ, το επόμενο βενζινάδικο;
Ich möchte … Liter …	'θälo … 'litra …	Θέλω … λίτρα …
… Normalbenzin.	ap'li wän'sini.	… απλή βενζίνη.
… Super./Diesel.	'supär./'disäl.	… Σούπερ./Ντήζελ.
… bleifrei/verbleit.	a'moliw∂i/mä'moliw∂o.	… αμόλυβδη/με μόλυβδο.
… mit … Oktan.	mä … o'ktanja.	με … οκτάνια.
Voll tanken, bitte.	jä'mistä, paraka'lo.	Γεμίστε, παρακαλώ.
Prüfen Sie bitte den Ölstand.	äksä'tastä, paraka'lo ti 'staθmi tu la∂'ju.	Εξετάστε, παρακαλώ τη στάθμη του λαδιού.

Unfall

Hilfe!	wo'iθja!	Βοήθεια!
Achtung!/Vorsicht!	prosso'chi!	προσοχή!
Rufen Sie bitte schnell …	ka'lästä, paraka'lo, 'grigora …	Καλέστε, παρακαλώ, γρήγορα …
… einen Krankenwagen.	'äna asθäno'foro.	… ένα ασθενοφόρο.
… die Polizei.	tin astino'mia.	… την αστυνομία.
… die Feuerwehr.	tim piroswästi'ki ipirä'sia.	… την πυροσβεστική υπηρεσία.
Geben Sie mir bitte Ihren Namen und Ihre Anschrift.	'pästä mu paraka'lo to 'onoma kä ti ∂iäfθin'si sass.	Πέστε μου παρακαλώ το όνομα και τη διεύθυνσή σας.

ESSEN/UNTERHALTUNG

Wo gibt es hier …	pu i'parchi ä'ðo	Πού υπάρχει εδώ …
… ein gutes Restaurant?	'äna ka'lo ästia'torio?	… ένα καλό εστιατόριο;
Gibt es hier eine gemütliche Taverne?	i'parchi ä'ðo ta'wärna mä 'anäti at'mosfära?	Υπάρχει εδώ ταβέρνα με ανετη άτμόσφαιρα;
Reservieren Sie uns bitte für heute Abend einen Tisch für 4 Personen.	kra'tistä mas paraka'lo ja 'simera to'wraði 'äna tra'päsi ja 'tässära 'atoma.	Κρατήστε μας παρακαλώ για σήμερα το βράδυ ένα τραπέζι για 4 άτομα.
Bezahlen, bitte.	paraka'lo, na pli'rosso.	Παρακαλώ, να πληρώσω.
Das Essen war ausgezeichnet.	to faji'to 'itan äksäräti'ko.	Το φαγητό ήταν εξαιρετικό.
Messer	ma'chäri	Μαχαίρι
Gabel	pi'runi	Πηρούνι
Löffel	ku'tali	Κουτάλι
Teelöffel	kuta'lakki	Κουταλάκι

EINKAUFEN

Wo finde ich …?	pu θa wro …?	Πού θα βρω …;
Apotheke	to farma'kio	το φαρμακείο
Bäckerei	to artopo'lio	το αρτοπωλείο
Fotoartikel	ta fotografi'ka 'iði	τα φωτογραφικά είδη
Kaufhaus	to polika'tastima	το πολυκατάστημα
Lebensmittelgeschäft	to ka'tastima tro'fimon	το κατάστημα τροφίμων
Markt	i ajo'ra	η αγορά

ÜBERNACHTUNG

Können Sie mir bitte … empfehlen?	bo'ritä paraka'lo na mu si'stissätä	Μπορείτε παρακαλώ να μου συστήσετε …
… ein Hotel	'äna ksänoðo'chio?	… ένα ξενοδοχείο;
… eine Pension	'mia pan'sjon?	… μια πανσιόν;
Ich habe bei Ihnen ein Zimmer reserviert.	'äðo sä sas 'äklissa 'äna ðo'matjo.	Εδώ σε σας έκλεισα ένα δωμάτιο.
Haben Sie noch Zimmer frei?	'ächätä a'kommi ðo'matja ä'läfθära?	Έχετε ακόμη δωμάτια ελεύθερα;
… für eine Nacht	ja mja 'nichta	… για μια νύχτα
… für zwei Tage	ja 'ðio 'märäs	… για δυο μέρές
… für eine Woche	ja mja wðo'maða	… για μια βδομάδα
Was kostet das Zimmer mit …	'posso ko'stisi to ðo'matjo mä	Πόσο κοστίζει το δωμάτιο με …
… Frühstück?	proi'no?	… πρωινό;
… Halbpension?	'mäna 'jäwma?	… μ'ένα γεύμα;

Arzt

Können Sie mir einen guten Arzt empfehlen?	bo'ritä na mu siss'tissätä 'änan ka'lo ja'tro?	Μπορείτε να μου συστήσετε έναν καλό γιατρό;
Ich habe hier Schmerzen.	ä'ðo 'ächo 'ponnus.	Εδώ έχω πόνους.

Bank

Wo ist hier bitte …	'pu 'inä ä'ðo paraka'lo …	Πού είναι εδώ παρακαλώ …
… eine Bank?	mja 'trapäsa?	… μια τράπεζα;
… eine Wechselstube?	äna gra'fio sina'lagmatos?	… ενα γραφείο συναλλάγματος;
Ich möchte … DM (Schilling, Schweizer Franken) in Drachmen wechseln.	'θälo na a'lakso … järmani'ka 'marka (sä'linia, älwäti'ka 'franga) sä ðrach'mäs.	Θέλω να αλλάξω … γερμανικά μάρκα (σελίνια, ελβετικά φράγκα) σε δραχμές.

Post

Was kostet …	'posso ko'stisi …	Πόσο κοστίζει …
… ein Brief …	'äna 'gramma	… ένα γράμμα
… eine Postkarte …	mja 'karta	… μια κάρτα …
… nach Deutschland?	ja ti järma'nia?	… για τη Γερμανία;
Österreich/Schweiz	Afs'tria/Elwe'tia	Αυστρία/Ελβετία

Zahlen

0	mi'ðän	μηδέν	20	'ikossi	είκοσι
1	'äna	ένα	21	'ikossi 'äna	είκοσι ένα
2	'ðio	δύο	22	'ikossi'ðio	είκοσι δύο
3	'tria	τρία	30	tri'anda	τριάντα
4	'tässära	τέσσερα	40	sa'randa	σαράντα
5	'pändä	πέντε	50	pä'ninda	πενήντα
6	'äksi	έξι	60	ä'ksinda	εξήντα
7	ä'fta	εφτά	70	äwðo'minda	εβδομήντα
8	o'chto	οχτώ	80	og'ðonda	ογδόντα
9	ä'näa	εννέα	90	änä'ninda	ενενήντα
10	'ðäka	δέκα	100	äka'to	εκατό
11	'ändäka	έντεκα	200	ðia'kosja	διακόσια
12	'ðoðäka	δώδεκα	1000	'chilia	χίλια
13	ðäka'tria	δεκατρία	2000	'ðio chi'ljaðäs	δύο χιλιάδες
14	ðäka'tässära	δεκατέσσερα	10000	'ðäka chi'ljaðäs	δέκα χιλιάδες
15	ðäka'pändä	δεκαπέντε			
16	ðäka'äksi	δεκαέξι	1/2	to 'äna 'ðäftäro	(το) ένα δεύτερο
17	ðäkaä'fta	δεκαεφτά			
18	ðäkao'chto	δεκαοχτώ	1/4	to 'äna 'tätarto	(το) ένα τέταρτο
19	ðäkaä'näa	δεκαεννέα			

Κατάλογος φαγητών
Speisekarte

Πρωϊνό		FRÜHSTÜCK
Καφέ σκέτο	ka'fä 'skäto	ungesüßter Kaffee
Καφέ με γάλα	ka'fä mä 'jala	Kaffee mit Milch
Τσάι με λεμόνι	'tsai mä lä'moni	Tee mit Zitrone
Τσάι από βότανα	'tsai a'po 'wotana	Kräutertee
Σοκολάτα	soko'lata	Schokolade
Χυμό φρούτου	chi'mo 'frutu	Fruchtsaft
Αυγό μελάτο	aw'jo mä'lato	weiches Ei
Ομελέτα	omä'lätta	Omelette
Αυγά μάτια	aw'ja 'matja	Spiegeleier
Αυγά με μπέηκον	aw'ja mä 'bäikon	Eier mit Speck
Ψωμί/ψωμάκι/τοστ	pso'mi/pso'maki/'tost	Brot/Brötchen/Toast
Κρουασάν	kruas'san	Hörnchen
Φρυγανιές	frigan'jäs	Zwieback
Βούτυρο	'wutiro	Butter
Τυρί	ti'ri	Käse
Λουκάνικο	lu'kaniko	Wurst
Ζαμπόν	sam'bon	Schinken
Μέλι	'mäli	Honig
Μαρμελάδα	marmä'laða	Marmelade
Γιαούρτι	ja'urti	Joghurt
… με καρύδια	mä ka'riðja	… mit Walnüssen
Φρούτα	'fruta	Obst

Ορεκτικά/Σούπες		VORSPEISEN/SUPPEN
Ελιές	ä'ljäs	Oliven
Φέτα	'fäta	Scheibe Ziegenkäse
Μελιτζάνα σαλάτα	mäli'dsana sa'lata	Auberginensalat
Ντολμαδάκια	dolma'ðakja	Gefüllte Weinblätter (kalt)
Γίγαντες	'jigandäs	Pferdebohnen
Γαρίδες	ga'ridäs	Krabben
Τυρόπιτα	ti'ropitta	Käsetasche
Σαγανάκι	saga'naki	Gebratene Käsescheiben
Κοτόσουπα	kot'tosupa	Hühnersuppe
ψαρόσουπα	psa'rosupa	Fischsuppe
Ταραμοσαλάτα	taramosa'lata	Fischeiersalat
Ζωμός κρέατος	so'mos 'kräatos	Kraftbrühe
Τοματόσουπα	toma'tosupa	Tomatensuppe
Λαχανόσουπα	lacha'nosupa	Gemüsesuppe
Μαγειρίτσα	maji'ritsa	Ostersuppe

Σαλάτες		SALATE
Σκορδαλιά	skorðal'ja	Kartoffel-Knoblauch-Püree
Τομάτα	to'mata	Tomate
Αγγουράκια	angu'rakja	Gurken
Χωριάτικη	chor'jatiki	Bauernsalat
Μαρούλισαλάτα	ma'ruli sa'lata	Römersalat
Τζατζίκι	dsa'dsiki	Cremiges Joghurt mit geriebenen Gurken und Knoblauch
Λαχανοσαλάτα	lachanosa'lata	Krautsalat
Πατατοσαλάτα	patatosa'lata	Kartoffelsalat
Άγρια Χόρτα	'agria 'chorta	Unkrautsalat (Löwenzahn, Huflattich und Brennnessel)

Ψάρια		FISCHGERICHTE
Αστακός λαδολέμονο	asta'kos laðo'lämono	Hummer mit Öl- und Zitronensoße
Γαρίδες	ga'riðes	Krabben
Χταπόδι	Chta'poði	Krake
Μπαρμπούνια σχάρας	bar'bunia 'ßcharas	Rotbarben gegrillt
Γλώσσα τηγανητά	'glossa tijani'ta	Seezunge gebraten
Μύδια	'miðia	Muscheln
Καλαμαράκια τηγανητά	kalama'rakja tigani'ta	Tintenfische gebraten
Μπακαλιάρος φουρνου	baka'ljaros 'furnu	Stockfisch im Backofen
Πέστροφα	'pästroffa	Forelle
Σολομός	solo'mos	Lachs
Κακαβιά	kakaw'ja	Bouillabaisse
Καραβίδες	kara'wiðes	große Scampi
Χριστόψαρο	chris'topsaro	Petersfisch
Σκουμπρί	skum'bri	Makrele
Κολοιός	kol'jos	Makrele
Τσιπούρα	tsi'pura	Dorade
Φαγκρι	fan'gri	Zahnbrasse
Τόνος	'tonnos	Thunfisch
Ξυφίας	ksi'fias	Schwertfisch

Πουλερικά και άγρια		GEFLÜGEL UND WILD
Κότα μέ σούπα αύγολέμονο	'kota mä 'supa awgo'lämono	Huhn in Zitronensuppe
Κοτόπουλο ψητό	ko'topulo psi'to	Brathuhn
Γαλοπούλα ψητή	galo'pula psi'ti	Truthahn gebraten
Κουνέλι	ku'näli	Kaninchen

Φαγητά μέ κρέας — FLEISCHGERICHTE

Μπόν φιλέ	bon fi'lä	Lendenfilet
Παϊδάκια αρνίσια	pai'ϑakja ar'nisia	Lammkotelett
Μπριζόλες χοιρινές	bri'soläs chiri'näs	Schweinekotelett
Σουτζουκάκια	sudsu'kakja	Würstchen
Σουβλάκι	su'wlaki	Fleischspieß
Σουβλάκια	su'wlakja	Kleine Fleischspieße
Μπιφτέκι	bi'ftäki	Gehacktes vom Grill
Αρνί ψητό	ar'ni psi'to	Lammbraten
Αρνί στό φούρνο	ar'ni sto 'furno	Lammfleisch im Backofen
Μοσχάρι κοκκινιστό	mos'chari kokkini'sto	Kalbfleisch gedämpft
Μοσχάρι ψητό	mos'chari psi'to	Kalbsbraten
Μιξτ Γκριλλ	'mikst 'gril	Gemischtes vom Grill
Γουρουνόπουλο	guru'nopulo	Spanferkel gebraten
Γύρος	'jiros	Diverse Fleischsorten am senkrechten Drehspieß
Βοδινό φιλέτο ψητό	woϑi'no fi'läto psi'to	Rinderfilet
Κατσίκι	kat'siki	Zicklein

Λαχανικά — GEMÜSEGERICHTE

Ντολμάδες	dol'maϑäs	Gefüllte Weinblätter (warm)
λάχανο	'lachano	Weißkohl
Αγκινάρες	angi'naräs	Artischocken
Μελιτζάνες γεμιστές	mäli'dsanäs jämi'stäs	Gefüllte Auberginen
Τομάτες γεμιστές	to'matäs jämi'stäs	Gefüllte Tomaten
Πιπεριές γεμιστές	pipä'rjäs jämi'stäs	Gefüllte Paprikaschoten
Τουρλού	tur'lu	Bunter Gemüseeintopf
Φασολάκια	faso'lakja	Grüne Bohnen
Μουσακάς	mussa'kas	Auberginen-Fleisch-Auflauf
Μπάμιες	'bamjäs	Okras
Πιπεριές τηγανητές	pipä'rjäs tigani'täs	Paprika gebraten
Παστίτσιο	pa'stitsjo	Nudelauflauf mit Fleischfüllung
Κολοκυθάκια	koloki'θakja	Zucchini
Φασόλια	fas'solja	Weiße Bohnen
Πατάτες τηγανητές	pa'tatäs tigani'täs	Pommes frites
Σπανακόρυζο	spana'koriso	Spinat mit Reis

Επιδόρπια — NACHSPEISEN

Μπακλαβάς	bakla'was	Blätterteig in Sirup mit Nussfüllung
Κρέμα	'kräma	Griespudding
Ρυζόγαλο	ri'sogalo	Reispudding
Σταφύλια	sta'filia	Trauben
Καρπούζι	kar'pusi	Wassermelone
Πεπόνι	pä'poni	Honigmelone
Ροδάκινα	ro'ðakina	Pfirsiche
Μήλο	'milo	Apfel
Αχλάδι	ach 'laði	Birne

Ποτά
Getränke

ΑλκοοΆλούχα ποτά — ALKOHOLISCHE GETRÄNKE

Ούζο	'uso	Anisschnaps
Άσπρο κρασί	'aspro kras'si	Weißwein
Κόκκινο κρασί	'kokkino kra'si	Rotwein
Χύμα	'chima	Wein vom Fass
Ξερό	kse'ro	trocken
Ημίγλυκο	i'miglikko	halbtrocken
Ρετσίνα	rä'tsina	Geharzter Weißwein
Κονιάκ	kon'jak	Weinbrand
Τσίπουρο	'tsippuro	Tresterschnaps
Μπύρα	'bira	Bier

Μη αλκοολούχα ποτά — ALKOHOLFREIE GETRÄNKE

Φραππέ	frap 'pä	Kalter Kaffee
Ελληνικός καφές	älini'kos ka'fäs	Griechischer Mokka
Τσάι	tsai	Tee
Πορτοκαλάδα	portoka'laða	Orangeade
Λεμονάδα	lämo'naða	Limonade
Μέταλλικό νερό	mättali'ko nä'ro	Mineralwasser

Reiseatlas Rhodos

Die Seiteneinteilung für den Reiseatlas finden Sie auf dem hinteren Umschlag dieses Reiseführers

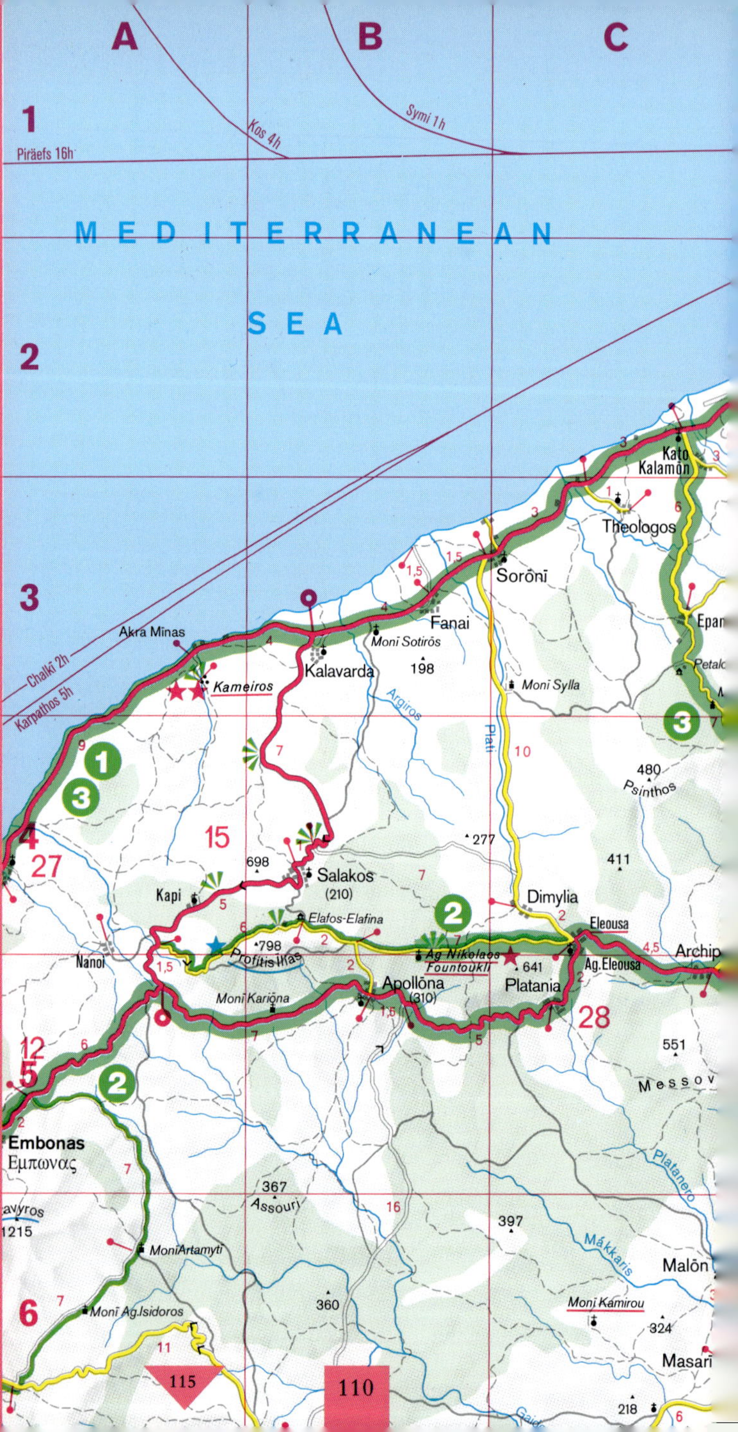
A
B
C
1
2
3
4
5
6
Piräefs 16h
Kos 4h
Symi 1h
MEDITERRANEAN
SEA
Chalki 2h
Karpathos 5h
Akra Minas
Kameiros
Kalavarda
Moni Sotiros
Fanai
Soroni
198
Kato Kalamon
Theologos
Epan
Petalo
Moni Sylla
Argiros
Plati
480
Psinthos
277
411
698
Salakos
(210)
Kapi
Dimylia
Elafos-Elafina
Eleousa
798
Profitis Ilias
Ag.Nikolaos Fountoukli
641
Ag.Eleousa
Archip
Nanoi
Moni Kariona
Apollona
(310)
Platania
28
27
15
12
551
Messov
Embonas
Εμπωνας
367
Assouri
16
397
Platanero
avyros
1215
MoniArtamyti
Mákkaris
Malon
Moni Kamirou
360
324
Moni Ag.Isidoros
Masari
218
Gaid
115

D
E
F
1
2
3
4
5
6
RODOS
ΡΟΔΟΣ
ELPA
Palati Ippotōn
Akra Zōnari
Enydreio
Marmaris 3 h
Megistī
Lemesos 20 h, Hefa 40h
Monte Smith
110
KRĪTIKA
Ormos Trianta
IXIA
KANDILI
IALYSSOS
(TRIANTA)
ΙΑΛΥΣΣΟΣ
Kremastī
Κρεμαστη
Panagia Kremastī
Ag.Ioannis
Paradisi
Παραδεισι
Paradeisiou
Filerimos
267
Ialyssos
TREIS
Rodinī Parko
Sgourou
(Asgourou)
Kallithea
Akra Vōdi
Pastida
Koskinou
Κοσκινου
Thermes Kallitheas
Damatria
Maritsa
Μαριτσα
416
263
Ormos Kallitheas
Faliraki
Koumouli
Monī Eleousas
Kalythiai
Καλυθιαι
Kalopetras
Monī Amos
Akra Ladiko
Psinthos
330
Psalidī
362
Alogna
Ag.Triada
Afantou
Αφαντου
Panagia Parmeniōtissis
Katholikī Afantou
Ormos Afantou
Ag. Nektários
456
Loutánī
Kolymbia
Akra Vagia
Epta Piges
Seven Springs
341
Monī Tsambikas
Ormos Archangelos
Petrona
(180)
Archangelos
Αρχαγγελος
Stegna
Profitis Ilias
512
Akra Archangelos
Ormos Malōnos
Ag.Agathī
Faraklos
Lindos
5 km

A
B
C
1
2
3
4
5
6
Alimia
Αλιμιά
262
Agios Theodōros
Chalkī
Χαλκη
Akra Limanari
Kefalos
Maistros
593
Profitis Ilias
578
Chalkī
3
Ag.Iōannis
Chorion
268
Nisaki
Krevatia
Akra Myrtos
Akra Ikalos
Akra Armenistis
319
Armenistis
M E D I T E R R A N E A N
Akra Monolithos
Strongilo I.
S E A
Diafanion 2h
5 km

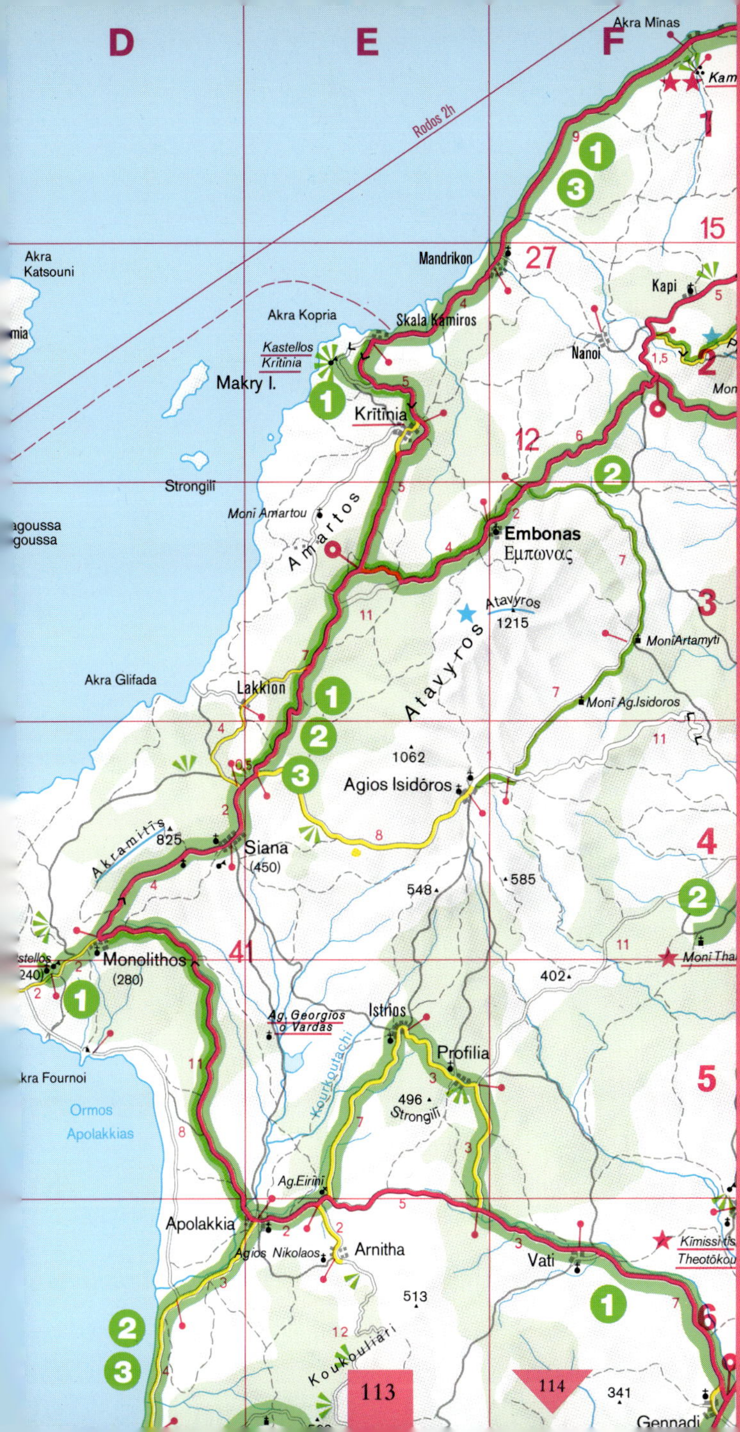
D
E
F
Akra Mīnas
Rodos 2h
Akra Katsouni
Akra Kopria
Kastellos Kritinia
Makry I.
Mandrikon
Skala Kamiros
Kapi
Nanoi
Kritinia
Strongilī
Monī Amartou
Amartos
Embonas
Εμπωνας
Atavyros
1215
Monī Artamyti
Akra Glifada
Lakkion
Monī Ag.Isidoros
1062
Agios Isidōros
Akramitis
825
Siana
(450)
548
585
Monolithos
(280)
Monī Tha
402
Ag. Georgios o Vardas
Istrios
Profilia
Kourkoutachi
496
Strongilī
Akra Fournoi
Ormos Apolakkias
Ag.Eirini
Apolakkia
Agios Nikolaos
Arnitha
Vati
Kimissis Theotōkou
513
Koukouliari
341
Gennadi
114

A
B
C
113
Akra Glifada
Lakkion
Atavyr
1062
Agios Isidōros
Mon
Armenistis
319
Akramitis
825
Siana
(450)
548
585
Kastellos
(240)
Monolithos
(280)
41
402
Akra Monolithos
Strongilo I.
Akra Fournoi
Ag. Georgios o Vardas
Istrios
Profilia
Kourkoutachi
496
Strongili
Ormos Apolakkias
Ag.Eirini
Apolakkia
Agios Nikolaos
Arnitha
Vati
513
Koukouliari
Moni Skiadi
563
Mesanagros
386
Kimissi tis Theotokou
Ag.Thomas
Chtenies
306
319
Mo
Lachania
20
Kattavia
Agios Pavlos
Chochlakas
236
189
Karávolas
Plimmiri
Akra Viglas
Vrulia
Oros
Akra Prasonisi
Prasonisi
114

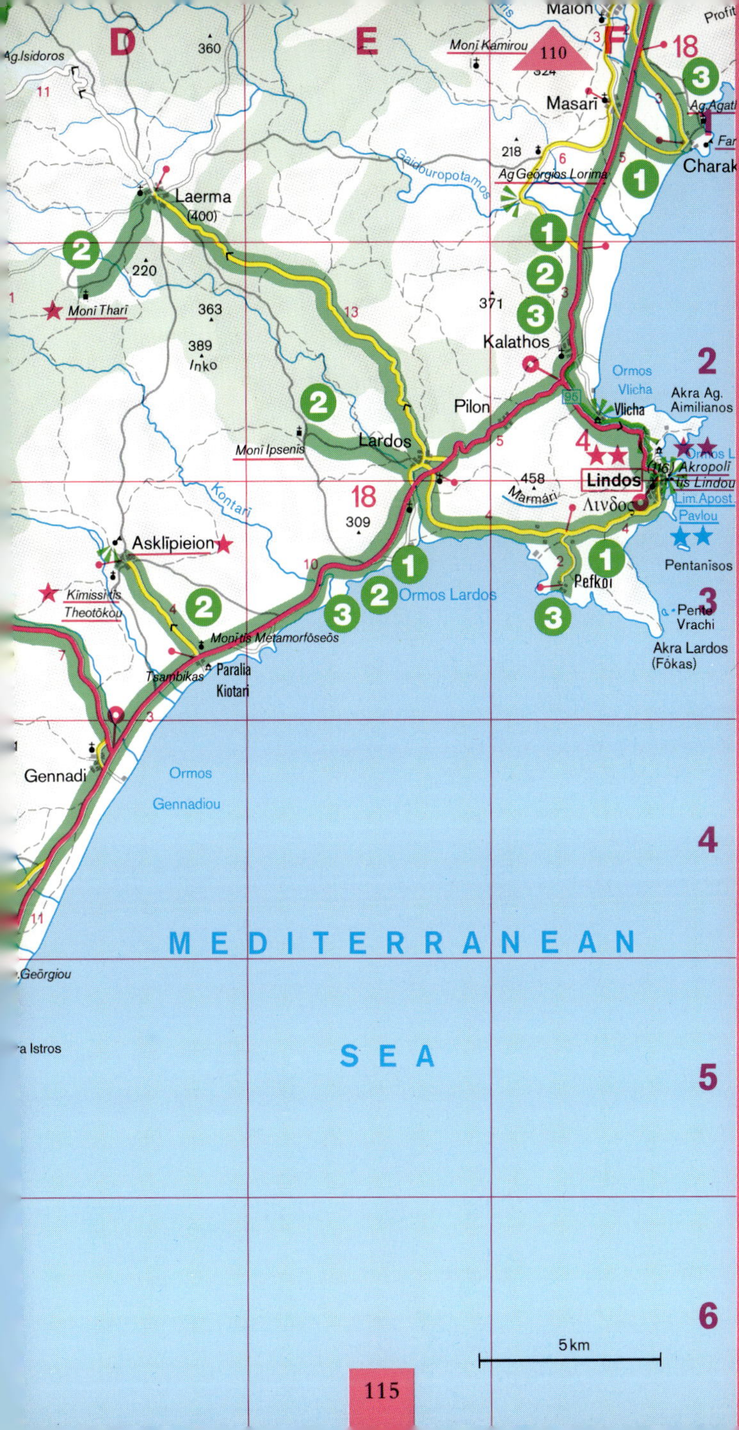

D
E
F
Maion
Profit
Ag.Isidoros
360
Moni Kamirou
110
Masari
Ag.Agat
Far
Charak
218
Ag Geōrgios Lorima
Gaidouropotamos
Laerma
(400)
220
Moni Thari
363
389
Inko
371
Kalathos
13
2
Ormos
Vlicha
Akra Ag.
Aimilianos
Vlicha
95
Pilon
Moni Ipsenis
Lardos
4
Lindos
116
Akropoli
tis Lindou
Lim.Apost.
Pavlou
Ormos L
458
Marmari
Λινδος
18
309
Kontari
Asklipieion
Pentanisos
Kimissi tis
Theotōkou
Ormos Lardos
Pefkoi
3
Pente
Vrachi
Akra Lardos
(Fōkas)
Moni tis Metamorfōseōs
Tsambikas
Paralia
Kiotari
Gennadi
Ormos
Gennadiou
4
M E D I T E R R A N E A N
Geōrgiou
a Istros
S E A
5
6
5 km

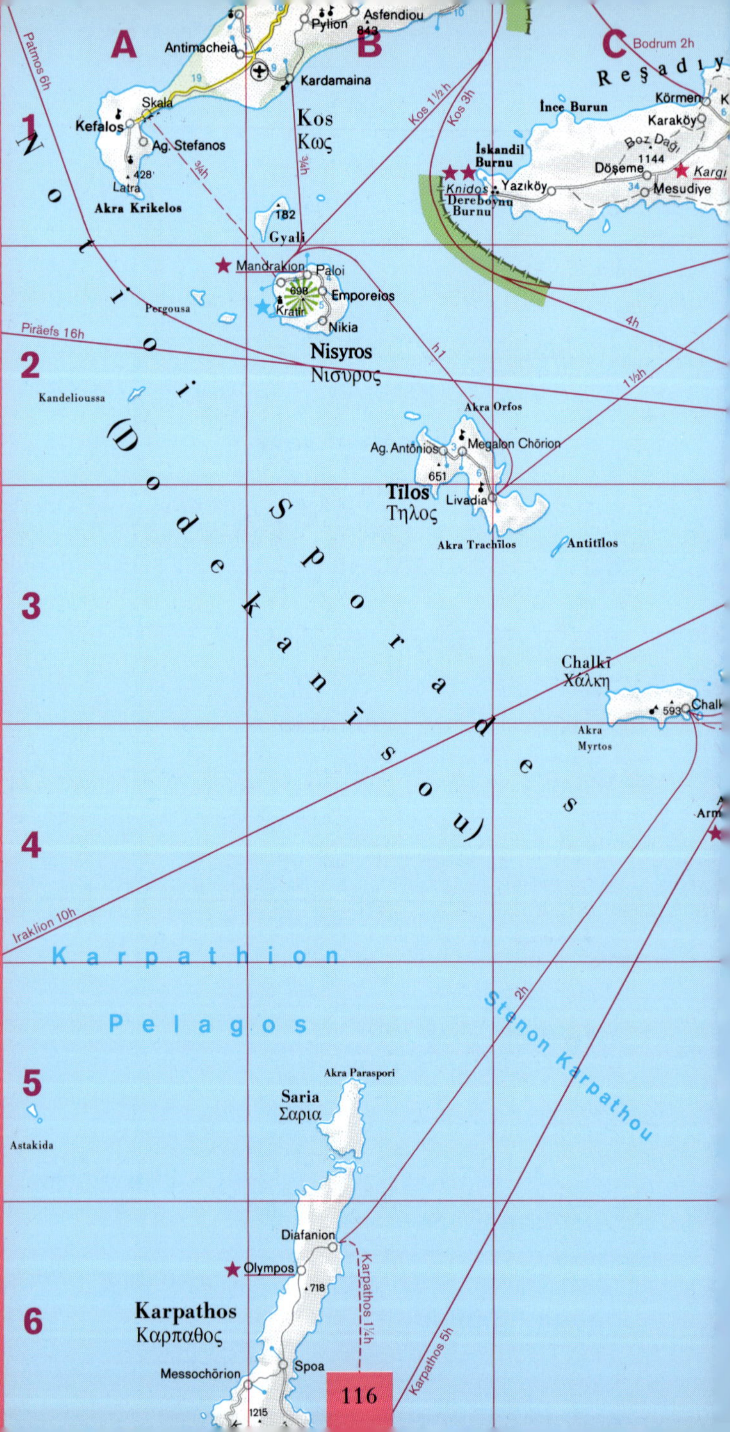
A
B
C
1
2
3
4
5
6
Asfendiou
Pylion
843
Antimacheia
Kardamaina
Skala
Kefalos
Ag. Stefanos
428
Latra
Akra Krikelos
Kos
Κως
3/4h
Patmos 6h
Kos 1½ h
Kos 3h
Bodrum 2h
Reşadiye
Körmen
Karaköy
İnce Burun
Boz Dağı
1144
Döşeme
Kargi
Mesudiye
İskandil Burnu
Knidos
Yazıköy
Dereboynu Burnu
182
Gyali
Mandrakion
Paloi
698
Emporeios
Kratir
Nikia
Pergousa
Nisyros
Νισυρος
Piräefs 16h
4h
h1
1½h
Kandelioussa
Notioi (Dodekanisou) Sporades
Akra Orfos
Ag. Antônios
Megalon Chôrion
651
Tîlos
Τηλος
Livadia
Akra Trachîlos
Antitîlos
Chalkî
Χάλκη
593
Chalk
Akra Myrtos
Arm
Iraklion 10h
Karpathion
Pelagos
Stenon Karpathou
2h
Akra Paraspori
Saria
Σαρια
Astakida
Diafanion
Olympos
718
Karpathos
Καρπαθος
Karpathos 1¼h
Karpathos 5h
Spoa
Messochôrion
1215

Yarımadası
TÜRKİYE
Datça Körfezi
Hisarönü Körfezi
Sömbeki Körfezi
Bozburun Yarımadası
Marmaris
Marmaris Denizi
Marmaris Limanı
Karaağaç Körfezi
Büyük-karaağaç
Yılancık Adası
Kadırga Burnu
Yuvacık
Mağarası
İçmeler
Günlüce
Adaköy
Hisarönü
Turunç
Çiftlik
Erine
Kastabos
Hydas
Turgut
Selimiye
Bayır
Bozburun
Söğüt
Taşlıca
Kasareia
Loryma
Kara Burun
Aktur
Emecik
Reşadiye
Datça
Nimos
Emporeios
Symi
Pedion
Moni Ag. Panormitis
Sesklion
Symi
Συμη
Alimia
Akra Zōnari
Ialyssos (Trianta)
RODOS
ΡΟΔΟΣ
Megisti
Lemesos 20h Hefa 40h
Kremastī
Rodos (Diagoras)
Ialyssos
Paradisi
Koskinou
Thermes Kallithea
Sorōni
Epanō
Kalamōn
Maritsa
M.Eleousas
Faliraki
Kalythiai
Kalavarda
Kameiros
Psinthos
Salakos
Mandrikon
Makry
Kamirou Skala
Kastellos
Kritinia
Eleousa
Archipolis
Apollōna
Afantou
Kolymbia
Moni Tsambikas
Embōnas
Attayyros
Moni Artamyti
Malōn
Archangelos
Moni Kamiroa
Faraklos
Charakion
Siana
Ag. Isidōros
Laerma
Monolithos
Moni Thari
Kalathos
Istrios
Lardos
Lindos
Pefkoi
Akra Lardos
Apolakkia
Asklipieion
Arnitha
Vation
Gennadion
Mesanagros
Lachania
Kattavia
Chōchlakas
Akra Prasonīsion
Rodos
Ροδος
MEDITERRANEAN
SEA
10km

LEGENDE REISEATLAS

Autobahn · Gebührenpflichtige Anschlussstelle · Gebührenstelle · Anschlussstelle mit Nummer · Rasthaus mit Übernachtung · Raststätte · Erfrischungsstelle · Tankstelle · Parkplatz mit und ohne WC	Trento 11 R R E T P P	Motorway · Toll junction · Toll station · Junction with number · Motel · Restaurant · Snackbar · Filling-station · Parking place with and without WC
Autobahn in Bau und geplant mit Datum der Verkehrsübergabe	Datum Date	Motorway under construction and projected with completion date
Zweibahnige Straße (4-spurig)		Dual carriageway (4 lanes)
Fernverkehrsstraße · Straßennummern	14 E45	Trunk road · Road numbers
Wichtige Hauptstraße		Important main road
Hauptstraße · Tunnel · Brücke		Main road · Tunnel · Bridge
Nebenstraßen		Minor roads
Fahrweg · Fußweg		Track · Footpath
Wanderweg (Auswahl)		Tourist footpath (selection)
Eisenbahn mit Fernverkehr		Main line railway
Zahnradbahn, Standseilbahn		Rack-railway, funicular
Kabinenschwebebahn · Sessellift		Aerial cableway · Chair-lift
Autofähre		Car ferry
Personenfähre		Passenger ferry
Schifffahrtslinie		Shipping route
Naturschutzgebiet · Sperrgebiet		Nature reserve · Prohibited area
Nationalpark, Naturpark · Wald		National park, natural park · Forest
Straße für Kfz. gesperrt		Road closed to motor vehicles
Straße mit Gebühr		Toll road
Straße mit Wintersperre	XII-II	Road closed in winter
Straße für Wohnanhänger gesperrt bzw. nicht empfehlenswert		Road closed or not recommended for caravans
Touristenstraße · Pass	Weinstraße 1510	Tourist route · Pass
Schöner Ausblick · Rundblick · Landschaftlich bes. schöne Strecke		Scenic view · Panoramic view · Route with beautiful scenery
Golfplatz · Schwimmbad		Golf-course · Swimming pool
Ferienzeltplatz · Zeltplatz		Holiday camp · Transit camp
Jugendherberge · Sprungschanze		Youth hostel · Ski jump
Kirche im Ort, freistehend · Kapelle		Church · Chapel
Kloster · Klosterruine		Monastery · Monastery ruin
Schloss, Burg · Schloss-, Burgruine		Palace, castle · Ruin
Turm · Funk-, Fernsehturm		Tower · Radio-, TV-tower
Leuchtturm · Kraftwerk		Lighthouse · Power station
Wasserfall · Schleuse		Waterfall · Lock
Bauwerk · Marktplatz, Areal		Important building · Market place, area
Ausgrabungs- u. Ruinenstätte · Feldkreuz		Arch. excavation, ruins · Calvary
Dolmen · Menhir		Dolmen · Menhir
Hünen-, Hügelgrab · Soldatenfriedhof		Cairn · Military cemetery
Hotel, Gasthaus, Berghütte · Höhle		Hotel, inn, refuge · Cave
Kultur		**Culture**
Malerisches Ortsbild · Ortshöhe	WIEN (171)	Picturesque town · Elevation
Eine Reise wert	★★ MILANO	Worth a journey
Lohnt einen Umweg	★ TEMPLIN	Worth a detour
Sehenswert	Andermatt	Worth seeing
Landschaft		**Landscape**
Eine Reise wert	★★ Las Cañadas	Worth a journey
Lohnt einen Umweg	★ Texel	Worth a detour
Sehenswert	Dikti	Worth seeing

In diesem Register finden Sie die in diesem Führer erwähnten Orte und Sehenswürdigkeiten, wichtige Sachbegriffe und Personen. Halbfette Seitenzahlen verweisen auf den Haupteintrag, kursive auf ein Foto.

Was bekomme ich für mein Geld?

Eine Mark ist zurzeit etwa 168 Drs. wert. Was Sie dafür bekommen, hängt davon ab, wohin Sie gehen. In einfachen Kaffeehäusern zahlen Sie für eine Tasse Nescafé nur 300 Drs., in schicken Cafés und Hotels kann sie aber auch 800 Drs. kosten. Ebenso werden für einen halben Liter Bier vom Fass von einem Wirt 500 Drs., von einem anderen aber 1400 Drs. verlangt. Doppelzimmer mit Bad kosten ab 50 Mark, Luxushotels verlangen dafür bis zu 250 Mark.

Für ein Surfbrett zahlen Sie ab 18 Mark, für das Leihfahrrad ab 12 Mark pro Tag, ab einer Woche gibt es Rabatt; Leihmotorrad (50 Kubik, z. B. Yamaha Chappy): ab 30 Mark pro Tag; Kleinwagen (z. B. Fiat Panda) inkl. Teilkasko und Steuern von einheimischem Verleiher: ca. 60 Mark pro Tag; Leihjeep über einen deutschen Reiseveranstalter in der Hauptsaison für drei Tage: ca. 390 Mark inkl. Vollkasko; Mofa pro Tag: ca. 30 Mark; Benzin: etwa 1,38 Mark pro Liter. Die Taxifahrt von Rhodos-Stadt nach Koskinoú (8 km) kostet ca. 8 Mark, 1 km mit dem Linienbus etwa 13 Pfennig.

In kleineren Orten werden Kreditkarten und Schecks oft nicht akzeptiert. Ausnahme: größere Souvenirläden und Textilgeschäfte, große Hotels und Autoverleiher (vor allem Eurocard und Visacard).

DM	Drs	Drs	DM
1	163	100	0,61
2	326	250	1,53
3	489	500	3,05
4	652	750	4,58
5	815	1.000	6,10
10	1.630	1.500	9,15
20	3.260	2.000	12,20
30	4.890	3.000	18,30
40	6.520	4.000	24,40
50	8.150	5.000	30,50
60	9.780	6.000	36,60
70	11.410	7.500	45,75
80	13.040	10.000	61,--
90	14.670	12.500	76,25
100	16.300	15.000	91,50
200	32.600	25.000	152,50
300	48.900	40.000	244,--
500	81.500	50.000	305,--
750	122.250	75.000	457,50
1.000	163.000	100.000	610,--

Bei Zahlungen per Scheck oder Kreditkarte am Urlaubsort werden oben stehende Kurse zu Grunde gelegt. Stand: April 2000